ESTRATEGIAS, MATERIALES Y RECURSOS PARA LA TRADUCCIÓN JURÍDICA

Inglés – español

Guía didáctica

Col·lecció Universitas

Sèrie Aprender a Traducir 3

Guía didáctica

Anabel Borja Albi

ESTRATEGIAS, MATERIALES Y RECURSOS
PARA LA TRADUCCIÓN JURÍDICA
Inglés – español

Guía didáctica

UNIVERSITAT
JAUME·I

BIBLIOTECA DE LA UNIVERSITAT JAUME I. Dades catalogràfiques

BORJA ALBI, Anabel

Estrategias, materiales y recursos para la traducción jurídica inglés-español : guía didáctica / Anabel Borja Albi. – Castelló de la Plana : Publicacions de la Universitat Jaume I : Edelsa, D.L. 2007
    p. : il. ; cm. – (Universitas. Aprender a traducir. Guía didáctica ; 3)
    Bibliografia.
    ISBN 978-84-8021-622-7(UJI). – ISBN 978-84-7711-054-5 (Edelsa)
    1. Dret -Traducció. 2. Anglès jurídic – Traducció al castellà. I. Universitat Jaume I. Publicacions. II. Títol. III. Sèrie.
    34:81'25
    811.111'25:34

Edita: Publicacions de la Universitat Jaume I
              Servei de Comunicació i Publicacions
              Campus del Riu Sec. Edifici Rectorat i Serveis Centrals
              12071 Castelló de la Plana
              Fax (34) 964 72 88 32
              e-mail: publicaciones@uji.es - www.tienda.uji.es

              Edelsa. Grupo Didascalia, S.A.
              Plaza Ciudad de Salta, 3 – 28043 Madrid (España)
              Tel. (34) 914 165 511   (34) 915 106 710
              Fax (34) 914 165 411
              e-mail: edelsa@edelsa.es - www.edelsa.es

Depósito legal: CS-323-2007

Imprime: Graphic Group, S.A.

ÍNDICE

INTRODUCCIÓN

*Nos convertimos en buenos constructores
construyendo, y en buenos arpistas tocando el arpa ...
haciendo actos justos llegamos a ser justos ... y por
actos de valentía nos convertimos en valientes.*

Aristóteles

Esta GUÍA DIDÁCTICA (guía del profesor o del estudiante autodidacta) constituye un material complementario del libro titulado ESTRATEGIAS, MATERIALES Y RECURSOS PARA LA TRADUCCIÓN JURÍDICA (INGLÉS-ESPAÑOL) (manual del alumno) publicado en esta misma colección. En esta GUÍA DIDÁCTICA se ofrecen soluciones a algunas de las actividades propuestas en el manual y sugerencias para la explotación de las mismas en el aula. Así pues, pensamos que el manual puede ser útil tanto para el estudiante que utiliza el manual de forma autodidacta como para el profesor que dirige y coordina el trabajo de un grupo.

Hemos intentado presentar de forma sistemática una serie de actividades ejercicios, textos originales, materiales de apoyo y propuestas de solución que constituyan una propuesta didáctica completa para el profesor que decida utilizar el manual en sus clases actuando como facilitador del aprendizaje, guía y evaluador. La utilización de materiales ya elaborados puede ahorrar mucho tiempo y esfuerzo de preparación, que podrá invertir en adaptar los textos, las actividades y las propuestas de solución a las necesidades, preferencias y estilo de sus estudiantes.

CUESTIONES DE METODOLOGÍA DIDÁCTICA

Hasta hace muy poco tiempo los trabajos sobre didáctica de la traducción eran casi inexistentes, y los pocos que había estaban enfocados a la enseñanza de lenguas (traducción didáctica); o tan centrados en el producto que no tenían en consideración el proceso de instrucción. El auge de la traducción como actividad profesional y la necesidad de definir programas universitarios propios han propiciado una profunda reflexión sobre la enseñanza de la traducción.

Esta reflexión ha obligado a definir qué es lo que hay que aprender para ser traductor (**la competencia traductora**) y ha supuesto la aplicación y adaptación de los principios generales de la didáctica a la enseñanza de la traducción. De hecho, los modernos enfoques didácticos de la traducción se caracterizan por presentar un planteamiento sistemático en el que, en primer lugar, se definen unos objetivos generales y específicos y, a continuación, se establece un corpus metodológico (ejercicios y actividades de clase, criterios de selección de textos, elaboración de materiales didácticos, criterios de evaluación).

Al igual que en las dos obras publicadas anteriormente en esta colección, el enfoque elegido ha sido el enfoque por tareas, aplicado a la traducción, a raíz de las publicaciones de Hurtado Albir (1992, 1993) y, en especial, de Hurtado Albir, dir. (1999). Como afirma Gamero Pérez (2005): «La naturaleza de la traducción, que es un saber hacer, y no un saber declarativo, justifica sobradamente la elección de este enfoque. Pero además, hay otro aspecto importante, y es que el enfoque por tareas favorece la autonomía, lo cual es imprescindible para seguir aprendiendo, una vez efectuada la incorporación al mercado laboral».

Para la elaboración de este manual hemos partido de ciertas consideraciones que nos parecen fundamentales en todo planteamiento didáctico:
- Respetar el estilo individual de aprendizaje del estudiante.
- Ayudar al estudiante a ser consciente de su propio estilo personal.
- Orientarle dirigiendo su proceso formativo y evaluando su eficacia como aprendiz.
- Motivar al estudiante ofreciéndole la posibilidad de participar activamente en el diseño de su plan de aprendizaje.
- Motivar al estudiante proponiendo actividades que le acerquen a lo que será su futura vida profesional.
- Promover en el estudiante el cambio de un sistema sincrónico y pasivo a un sistema asincrónico y activo.
- Promover la autonomía del aprendizaje en el estudiante.

OBJETIVOS DE ENSEÑANZA-APRENDIZAJE

En este manual, la formación en traducción jurídica contempla **tres bloques de objetivos generales:** 1) Objetivos relativos al estilo de trabajo; 2) Objetivos metodológicos; 3) Objetivos textuales. Los objetivos relativos a aspectos profesionales y metodológicos se abordan en una **fase de iniciación,** que sirve para armar a los estudiantes para la segunda **fase de especialización,** en la que se enfrentan a la traducción de los géneros jurídicos.

Podemos dividir la formación en traducción jurídica que se espera que adquieran los estudiantes en tres áreas, a saber, conocimientos, habilidades y actitudes, todas ellas consideradas necesarias para el ejercicio profesional de la traducción jurídica.

a) Conocimientos
En el ámbito de los contenidos informativos, se pretende ofrecer a los alumnos:
- Una perspectiva general de los enfoques teóricos que se han propuesto para la traducción jurídica.
- Una visión general de la Ciencia del Derecho que incluya aspectos de tipología textual, documentación y derecho comparado.

La adquisición de conocimientos se concreta en objetivos específicos, tales como conocer las instituciones jurídicas básicas de los sistemas jurídicos de la lengua de partida y de llegada, o conocer las distintas estrategias de traducción que se pueden aplicar dependiendo de la función del encargo, los criterios de calidad que se aplican para valorar las traducciones jurídicas, las diferencias entre traducción jurídica y jurada, etc.

b) Habilidades

Las habilidades o competencias se articulan en tres campos. En primer lugar, **competencias metodológicas** que incluyen la comprensión de los métodos de trabajo que permitan a los futuros traductores ser profesionales informados sobre su especialidad de traducción. Algunas metas específicas de esta área de habilidades son el uso correcto de la documentación conceptual, léxica, etc., aplicadas a situaciones prácticas de traducción. El segundo campo de competencia es el **profesional,** que se concreta en múltiples objetivos específicos y en el desarrollo de habilidades de solución de problemas. Por último, el tercer campo se refiere a la adquisición de **práctica en la traducción de los distintos géneros** jurídicos.

c) Actitudes

Las actitudes que se pretende que adquieran los estudiantes están relacionadas con su socialización profesional. La enseñanza de la traducción jurídica contempla cuatro bloques generales de actitudes. En primer lugar el **escepticismo,** que previene de las actitudes dogmáticas y las conclusiones categóricas. En segundo lugar se pretende la aceptación de las **responsabilidades éticas y sociales** de la traducción jurídica, que implica necesariamente el conocimiento de los modelos teóricos y las normas éticas relacionados con la práctica de la traducción jurídica. Por último, se intenta potenciar la capacidad de **trabajo en equipo** y la **adaptación a las necesidades de formación y reciclaje continuos** que impone nuestra sociedad.

Las tres áreas descritas se consideran objetivos simultáneos de toda la actividad de enseñanza-aprendizaje. El área de contenidos se puede cubrir con exposiciones teóricas en clase, consultas en tutorías y estudio privado de los alumnos. Para la adquisición de las habilidades son especialmente pertinentes las clases prácticas, tanto en aula como en laboratorio (o mediante prácticas realizadas a través de la web o de los entornos virtuales de trabajo cooperativo). Por último, las actitudes, aunque pueden adquirirse durante las clases teóricas y las tutorías, se pueden enseñar más eficazmente en las clases con grupos pequeños, y sobre todo en las actividades de aprendizaje cooperativo.

Antes de iniciarse en la traducción jurídica consideramos necesario que el alumno haya adquirido unos **conocimientos previos,** en concreto que haya alcanzado los objetivos referidos a principios metodológicos básicos que se describen en los objetivos de traducción general. También sería muy conveniente que hubiera adquirido ya los objetivos definidos para las lenguas de especialidad que sustentan este tipo de traducción: el lenguaje jurídico, el lenguaje económico y el administrativo.

ESTRUCTURA DEL MANUAL

Las unidades de la GUÍA DIDÁCTICA comienzan con una tabla que presenta los objetivos y contenidos de cada unidad. A continuación se recogen las soluciones a algunos de los ejercicios y encargos de traducción que incluye el manual. En otros casos, en lugar de soluciones, se proponen ideas para explotar las actividades en el aula.

En las propuestas de solución se incluyen, en ocasiones, una breve introducción sobre la importancia de los contenidos de la misma en el currículo del traductor jurídico, una reflexión sobre las posibles aplicaciones prácticas y una somera descripción del enfoque didáctico empleado. No todas las actividades tienen una propuesta de solución, ya que algunas son de respuesta abierta, otras son ejercicios de investigación, y recogida de datos o de opiniones.

Por lo que respecta a las soluciones de traducción de textos originales, debe quedar claro que se trata únicamente de «propuestas» y que puede haber muchas otras soluciones tan válidas o mejores que las que aquí presentamos. Las propuestas están basadas en traducciones propias, traducciones de otros colegas profesionales, traducciones revisadas de nuestros alumnos universitarios, etc. En cualquier caso, aunque sin duda son mejorables, cumplen el nivel de calidad de una traducción profesional y se ofrecen como ejemplo, no como modelo.

Las unidades de la GUÍA DIDÁCTICA (guía del profesor o del estudiante autodidacta) incluyen:

 respuestas a los ejercicios, propuestas de traducción y propuestas de explotación de las actividades.

 material complementario de distinto tipo (textos de apoyo, textos informativos…).

 ejercicios complementarios.

A pesar del esfuerzo de revisión realizado, siempre acaban quedando errores. Por tanto, agradecería mucho recibir sugerencias (borja@uji.es) para mejorar el manual, eliminar erratas y pulir las traduciones propuestas.

ANABEL BORJA ALBI
Universitat Jaume I

LA TRADUCCIÓN
JURÍDICA Y JURADA

Definición y objeto de la traducción jurídica

Objetivos	1. Reflexionar sobre las definiciones de traducción jurídica y sus diferencias con la traducción general y otros tipos de traducción especializada. 2. Reconocer las modalidades de traducción jurídica. 3. Captar las diferencias entre traducción jurídica y jurada, así como los requisitos para obtener el título de traductor jurado (en España y en otros países). 4. Identificar los textos de que se ocupa la traducción jurídica y jurada. 5. Captar la importancia de los factores extralingüísticos (como la situación comunicativa o el concepto de encargo de traducción) en las soluciones de traducción jurídica. 6. Disponer de una relación de las obras de referencia básicas sobre traducción jurídica y de recursos para ampliarla. 7. Aprender a elaborar fichas de documentación y a organizarlas en bases de datos específicas.
Contenidos	• Definición de la traducción jurídica. • El objeto de la traducción jurídica: los textos jurídicos. • La traducción jurídica frente a la traducción jurada. • El funcionamiento del texto original (tipo textual, registro, campo temático, etc.). • Las modalidades de traducción jurídica. • El método empleado para traducir el texto original: traducción literal, libre, funcional. • Recursos bibliográficos sobre traducción jurídica y jurada.
Tareas	1. Algunas afirmaciones sobre la traducción jurídica y jurada 2. ¿Qué textos jurídicos conozco? 3. Situación comunicativa de los textos jurídicos y relaciones que regulan 4. ¿Qué es la traducción jurídica? 5. ¿Y la traducción jurada? 6. Los diferentes niveles de dificultad de los textos jurídicos 7. Dificultades de la traducción jurídica y jurada 8. El trabajo con bibliografía especializada

Materiales	(i) Situaciones comunicativas que generan textos jurídicos
	(◐) Reflexiones en torno a la traducción jurídica: el modo traductor
	(i) Primera definición de *traducción jurídica*
	(◐) Diferencias entre traducción jurídica y traducción jurada en España
	(◈) Certificado de nacimiento pakistaní
	(◈) Legislación sobre la traducción jurada
	(i) Forma de certificar las traducciones juradas
	(i) Primera definición de traducción jurada
	(🌐) Jury Service
	(◈) Criminal Procedure (Scotland) Act 1995 (c. 46)
	(i) ¿Extranjerización o apropiación?
	(◐) Restricciones y prioridades en la traducción jurídica
	(i) Propuesta de ficha de documentación
Material complementario	(💬) Guión para el debate en grupo sobre el exceso de literalidad en la traducción jurídica

1. ALGUNAS AFIRMACIONES SOBRE LA TRADUCCIÓN JURÍDICA Y JURADA

Cuestionario inicial

El objetivo de esta actividad es desarrollar la capacidad crítica de los alumnos y hacerles reflexionar sobre aspectos teóricos y prácticos de la traducción jurídica. Si se trabaja en grupo, el primer día de clase se pide a los estudiantes que respondan por escrito de forma individual a las cuestiones planteadas. A continuación, se les pide que se organicen en grupos de tres personas y discutan sus puntos de vista. Los estudiantes guardan el cuestionario una vez completado y comentado en grupo. Al finalizar la unidad se debaten en clase las respuestas y se observa si se han producido cambios en las ideas preconcebidas sobre la traducción jurídica y cómo han captado los estudiantes las cuestiones clave de la reflexión teórica básica sobre traducción especializada y, en concreto, sobre la traducción jurídica.

2. ¿QUÉ TEXTOS JURÍDICOS CONOZCO?

Identificación de textos jurídicos

Entre los criterios utilizados para decidir que se trata de textos jurídicos podríamos citar el léxico, el estilo, el formato, los participantes en el acto de comunicación y la función. Entre otros, podemos identificar los textos jurídicos en español y en inglés que recoge el siguiente listado. El estudiante obviamente irá ampliando el listado aquí obtenido durante el posterior desarrollo del curso.

Algunos textos jurídicos españoles	Algunos textos jurídicos ingleses
1. Ley ordinaria	1. Act of Parliament
2. Real decreto ley	2. Regulations
3. Circular	3. Writ of summons
4. Orden ministerial	4. Statement of claim
5. Demanda de divorcio	5. Divorce petition
6. Demanda de juicio ordinario declarativo de menor cuantía	6. Acknowledgment of service of writ of summons
7. Denuncia	7. Letter of request
8. Interposición de querella	8. Counterclaim
9. Reconvención y respuesta a la demanda	9. Rejoinder
10. Providencia	10. Subpoena
11. Auto	11. Witness summons
12. Sentencia	12. Judgment
13. Exhorto. Solicitud de cooperación judicial	13. Law Report
14. Cédula de notificación y emplazamiento	14. Law dictionary
15. Cédula de citación	15. Repertory
16. Solicitud de medidas cautelares	16. Text book
17. Diccionario español monolingüe	17. Legal article
18. Formulario	18. Power of attorney
19. Fragmento libro de texto	19. Partnership agreement
20. Artículo especializado	20. Partnership deed
21. Poder notarial	21. Agreement
22. Contrato de compraventa	22. Standard conditions of sale agreement
23. Escritura de compraventa	23. Dissolution deed
24. Testamento	24. Last will and testament
25. Escritura de constitución	25. Memorandum of association
26. Certificado	26. Certificate
27. Notificación	27. Injunction

Búsqueda de textos jurídicos en Internet

Esta tarea implica mucho tiempo de trabajo frente al ordenador, por lo que, si es posible, conviene que los estudiantes la realicen de forma individual o como práctica guiada por el profesor en el aula de informática. La puesta en común podría realizarse en una aula tradicional. Como resultado de esta actividad se obtiene una colección de recursos y direcciones, que se podrían poner a disposición de todo el grupo para fomentar el trabajo colaborativo, a ser posible mediante espacios virtuales compartidos o mediante la elaboración en equipo de un documento común que recoja los hallazgos de todos los miembros del grupo.

Como orientación general, el profesor puede proporcionar unos enlaces básicos sobre traducción jurídica y derecho (en www.gitrad.uji.es se recogen numerosos recursos para la traducción jurídica ordenados por categorías) y aconsejar que se utilicen páginas de fuentes institucionales o académicas porque ofrecen un mayor grado de fiabilidad. Como conclusión de esta actividad, el estudiante habrá comprobado que Internet constituye una inmensa biblioteca con infinidad de textos de todo tipo, que pueden ser útiles para el traductor cuando nece-sita informarse sobre el campo temático del texto que va a traducir, cuando desea observar las características del texto original en un texto equivalente en otro idioma (al comparar, por ejemplo, un testamento español con uno inglés) o para resolver dudas terminológicas en con-textos específicos. El profesor supervisará las fichas para comprobar que se ha hecho una selección adecuada al nivel y objetivos de la asignatura y del estudiante.

3. SITUACIÓN COMUNICATIVA DE LOS TEXTOS JURÍDICOS

Relaciones reguladas por los textos jurídicos

1) Partida de nacimiento.
2) Ley o norma sobre horarios comerciales.
3) Demanda (para iniciar un proceso civil) y denuncia (para iniciar un proceso penal).
4) Contrato de trabajo.
5) Certificado de matrimonio.
6) Notificación.
7) Acta de la Junta.
8) Contrato de arras o señal.

4. ¿QUÉ ES LA TRADUCCIÓN JURÍDICA?

Cuestionario

Los estudiantes responden a las preguntas de modo individual antes de efectuar la puesta en común.

1) Predominan los textos escritos para ser leídos en voz baja.
2) La modalidad de traducción más habitual es la traducción escrita de textos originales escritos.
3) La traducción a la vista de una escritura de compraventa en una notaría o la traducción a la vista de un documento que se aporta como prueba en una vista oral.
4) Ver el texto «Restricciones y prioridades de la traducción jurídica» que aparece en el apartado 7 de esta unidad.

5. ¿Y LA TRADUCCIÓN JURADA?

Cómo llegar a ser traductor jurado en España

Esta información se actualiza periódicamente en la página web del Ministerio de Asuntos Exteriores español http://www.mae.es.

1) Examen que convoca anualmente el Ministerio de Asuntos Exteriores o estar en posesión del título de Licenciado en Traducción e Interpretación, o de un título que haya sido homologado a éste, y haber cursado los créditos de traducción jurídica que señale la normativa en vigor.

2) Los exámenes de intérprete jurado constan de cuatro pruebas de carácter eliminatorio:
   a) traducción al castellano, sin diccionario, de un texto de carácter periodístico o literario;
   b) traducción del castellano a la lengua extranjera, sin diccionario, de un texto de carácter periodístico o literario;
   c) traducción al castellano, con diccionario, de un texto de carácter jurídico o económico;
   d) prueba de expresión oral en la lengua extranjera de que se trate (resumen y comentario).

3) Sí.

4) Sí, siempre que en su certificación quede claro que no ha traducido a partir de un original.

5) No, la ley española prohíbe fijar precios a los colectivos profesionales. Sí que existen tarifas orientativas, que son más elevadas en el caso de la traducción jurada. Se pueden encontrar en las páginas web de las asociaciones profesionales.

Formalismos de la traducción jurada

• Habrá que reproducir, situándolos entre corchetes [ ], todos los sellos, leyendas y estampillas que contenga.

• No puede quedar nada sin ser traducido.

• Además hay que señalar la existencia de tachones, borraduras, etc. Si no se puede leer algún fragmento, se indicará: [ilegible].

• La traducción debe aparecer enmarcada entre dos líneas que marquen su comienzo y su fin.

• Al final de la traducción se incluirá la fórmula de certificación que aparece en la Orden de 8 de febrero de 1996, por la que se dictan normas sobre los exámenes para nombramiento de intérpretes jurados.

La traducción oficial en otros países

Los estudiantes se pueden dividir en grupos para investigar la situación en distintos países. A continuación pueden poner en común los resultados.

La traducción jurídica y jurada en contraste

	Traducción jurídica	Traducción jurada
¿Quién la realiza? ¿Qué titulación se exige para ejercer la profesión en España?	Cualquier traductor que se considere capacitado para ello o que el cliente acepte como tal.	Sólo pueden realizarla los traductores jurados nombrados por el Ministerio de Asuntos Exteriores español.
Aspectos formales	No existen requisitos formales.	La traducción debe llevar el sello del traductor y la fórmula de certificación que marca la ley. Debe incluir todos los elementos que aparecen en el original y no incluir ninguna información nueva.
Responsabilidad que asume el traductor	La que establezca el contrato de trabajo o de servicios (si lo hubiera).	Responsabilidad civil. También podría existir responsabilidad penal en caso de que se pudiera demostrar la existencia de mala fe por parte del traductor.
Tipos de textos	Todos los relacionados con el derecho.	Todo tipo de texto que requiera una traducción oficial, aunque en la práctica predominan los textos jurídicos.
Forma de traducir	Depende del traductor.	Muy orientada al texto original.
¿Tienen el mismo prestigio?		La traducción jurada está, en general, mejor reconocida socialmente.
¿Tienen los mismos conocimientos?	Depende del traductor.	Depende del traductor.
Tarifas. ¿Ganan lo mismo?	Consultar las tarifas profesionales orientativas en las páginas web de las asociaciones profesionales. No existen tarifas oficiales.	Consultar las tarifas profesionales orientativas en las páginas web de las asociaciones profesionales. No existen tarifas oficiales. Los honorarios por traducción jurada suelen ser más elevados que los de la traducción jurídica por la responsabilidad personal que contrae el traductor con su firma y sello, y porque la oferta de traductores jurados es menor que la de jurídicos.

6. LOS DIFERENTES NIVELES DE DIFICULTAD DE LOS TEXTOS JURÍDICOS

Nivel de dificultad de comprensión

Los estudiantes completan las tablas de vocabulario y responden a las preguntas de modo individual antes de efectuar la puesta en común. En general se espera que observen que la ley que regula la forma de seleccionar a los miembros de un jurado plantea muchas más dificultades de traducción que el folleto informativo editado por los servicios judiciales para informar al ciudadano sobre el mismo tema. Además de presentar un lenguaje más técnico, la ley está redactada con una sintaxis mucho más compleja. Los documentos legislativos son los textos jurídicos más difíciles de traducir por su carácter normativo y sus requisitos de precisión e intemporalidad. La terminología es mucho más especializada en la ley que en el folleto. En cuanto al folleto informativo, será importante determinar el tono y el registro más apropiados para la traducción. Al realizar este ejercicio, sería un buen momento para que los alumnos empezaran a buscar textos paralelos en Internet. De este modo, podrían observar cómo son las leyes españolas o los folletos que edita el Ministerio de Justicia español.

7. DIFICULTADES DE LA TRADUCCIÓN JURÍDICA Y JURADA

Un mismo texto y diversas soluciones

Este ejercicio propone una reflexión sobre los distintos tipos de encargo de traducción jurídica y sobre la influencia del destinatario y la función de la traducción sobre las decisiones del traductor.

1) La situación (a) porque debe presentarse ante un juzgado. El juez podría aceptar una traducción no jurada bajo su responsabilidad, pero normalmente se prefiere una traducción jurada.

2) En principio, la situación (b). Como ventaja se puede citar que no sería necesario traducirlo todo y se ahorraría tiempo y dinero (para el cliente). Sin embargo, un resumen supone un compromiso por parte del traductor, ya que debe tomar decisiones sobre qué aspectos debe incluir y qué aspectos son menos importantes. Un error al tomar estas decisiones puede tener graves consecuencias. Por tanto, el presupuesto del resumen no debería limitarse al número de palabras, sino que debería tener en cuenta el esfuerzo y la responsabilidad que supone realizar un trabajo de esta naturaleza.

3) La situación (a) va dirigida al juzgado, en concreto al juez, a los abogados de la defensa y a la acusación; La (b) va dirigida al directivo, una persona no jurista; La (c) va dirigida al directivo y a su abogado; La (d) va dirigida a los potenciales futuros empleados de Unifilms en España, pero en realidad quienes la juzgarán y validarán serán los abogados de la asesoría jurídica de la empresa y, en último término, un juez en caso de litigio.

4) Este encargo no consiste en realizar una traducción, sino en adaptar el texto legal a la normativa vigente en otro país. El traductor sólo podría realizar la traducción. La adaptación al ordenamiento español correspondería a un profesional del derecho.

5) Normalmente las tarifas de la traducción jurada son algo más elevadas que las de la traducción jurídica (o especializada en general).

Un mismo término y distintas soluciones

Esta actividad pretende sensibilizar al estudiante sobre la importancia de la investigación terminológica y conceptual para tomar decisiones de traducción fundamentadas en el conocimiento del contexto social y jurídico del sistema en el que se genera el texto. Si se trabaja en grupo, cada estudiante investiga de modo individual los posibles significados de los términos antes de efectuar la puesta en común. Se comentan las equivalencias planteadas por los alumnos, y a partir de las mismas se analiza con el conjunto de la clase cada término por separado, atendiendo a los puntos propuestos en la actividad: ordenamiento jurídico, figuras inexistentes, asimetría documental, etc. También se enfrenta a los estudiantes a la necesidad de decidir entre una traducción orientada a la lengua origen o a la lengua término.

- En el caso de *barrister* y *solicitor* en español sólo tenemos una palabra para ambos, *aboga-do*. El problema se plantea cuando en un texto en inglés aparecen las dos en un mismo contexto, en cuyo caso tendremos que recurrir a una traducción explicativa (*barrister*: abogado con derechos de audiencia ante todos los tribunales, que se dedica fundamentalmente a defender casos ante los tribunales; *solicitor*: abogado que sólo tiene derechos de audiencia ante los tribunales inferiores, y se dedica principalmente al estudio de casos y asesoramiento de clientes en cuestiones legales).

- La función del *Vital Statistics Office* de Estados Unidos corresponde a la del Registro Civil español, pero mientras que la institución norteamericana es un departamento administrativo, la española pertenece al sistema judicial.

- *Magistrate* significa *juez de paz* en inglés, es decir, juez lego en derecho; mientras que el término *magistrado* en español se refiere a los jueces de mayor rango. Se trata, por tanto, de un «falso amigo».

- *Agreement* se puede traducir como *acuerdo*, pero es la forma de referirse a los contratos españoles. El término *contract* en inglés se utiliza de forma muy restrictiva.

- *Trust*, inexistencia de una figura jurídica exactamente equivalente en el ordenamiento español. En los textos muy técnicos, los juristas prefieren a veces que se mantenga el término en inglés, sin intentar traducirlo.

- *Last Will and Testament*. Aquí se plantea la cuestión de mantener o no el doblete en español «ultima voluntad y testamento». Tanto en español como en inglés el doblete es innecesario en la actualidad y sólo se mantiene por cuestiones de estilo.

- *Bachelor of Arts*, inexistencia de un título exactamente equivalente en español.

- *Notary Public*. Existencia de notables diferencias entre la figura del notario español, el *Notary Public* británico y el norteamericano, tanto en cuanto a formación y requisitos de habilitación, como en cuanto a honorarios profesionales.

- *Sheriff Court*. Se trata de un juzgado del sistema judicial escocés sin equivalencia posible en el sistema español. El estudiante puede encontrar toda la información al respecto en páginas web institucionales del sistema de justicia escocés (http://www.scotcourts.gov.uk).

- *Letters Probate*. Se trata de un documento para el que no existe equivalente en el sistema jurídico español. Lo emiten los tribunales de testamentaría británicos (*Probate Courts*) para certificar la validez legal de los testamentos. En España, como normalmente se otorgan ante notario, el testamento tiene validez legal por sí mismo sin necesidad de validación judicial.

¿Traducción jurídica = traducción literal?

En la traducción de fórmulas como la de conclusión y firma de los documentos ingleses la dificultad radica en que son un reflejo de los requisitos legales británicos sobre la firma de dos testigos, que deben estar presentes junto con el testador y firmar en el mismo acto el testamento. Si, huyendo de la literalidad, adaptamos esta fórmula a la conclusión típica de los documentos legales españoles (traducción 1), se podría interpretar como un testamento no válido al desaparecer ciertos requisitos legales en derecho anglosajón. La traducción 2 sería un ejemplo de literalidad excesiva y la propuesta como traducción 3, una solución de compromiso entre la 1 y la 2. La fórmula *en un solo acto, ininterrumpido* está tomada de los testamentos españoles y refleja los requisitos de formalización británicos de forma más sencilla que la traducción 2.

 ## Debate en grupo sobre el exceso de literalidad en la traducción jurídica

Si se trabaja en grupo, el profesor puede plantear como actividad complementaria un debate sobre el exceso de literalidad en la traducción jurídica utilizando el siguiente guión propuesto por el profesor Roberto Mayoral:

Guión para el debate

 Partiendo de que conceptos como traducción palabra por palabra o traducción literal no están bien definidos y que de lo que se habla es de voluntad de fidelidad al original, esta fidelidad puede ser:

1) fidelidad a la forma.

2) fidelidad a los significados (incluido el sentido).

3) fidelidad al estilo. La traducción está sometida a exigencias simultáneas, distintas y posiblemente contradictorias, sometidas en cada momento a una escala distinta de prioridades, de fidelidad, verosimilitud, estilo o eficacia comunicativa.

Habría que analizar varios casos:

1. La traducción palabra por palabra es imposible porque:
   1.1 No existe una sola palabra que reproduzca el significado porque el significado no existe en el sistema de la traducción. Por tanto, la traducción palabra por palabra (transcripción de la lengua original) llevaría a la incomprensión;
   1.2 Las dos lenguas expresan los mismos significados de forma distinta. Por tanto, la traducción palabra por palabra llevaría a la incomprensión;

2. La traducción palabra por palabra es posible.
   2.1 Es posible y es la más conveniente porque:
      2.1.1 Los destinatarios y/o el cliente imponen este tipo de traducción;
      2.1.2 Es la forma de traducir preferida por el traductor y nada se opone a ello;
      2.1.3 Es la única forma de traducir que le inspira confianza al traductor y nada se opone a ello;
      2.1.4 Es la forma de traducir más conveniente por la situación de traducción (traducción jurada; situación en la que coexisten el documento original y la traducción y ambas pueden ser cotejadas; situación en la que el texto traducido es admitido como traducción y no se trata con exigencias de documento original);
   2.2 Es posible pero no es la más conveniente porque:
      2.2.1 Los dos lenguajes jurídicos se expresan de distinta manera «la traducción palabra por palabra llevaría a problemas de estilo, de verosimilitud y de eficacia comunicativa»;

2.2.2 El texto original está mal formulado (impreciso, mal estilo, no idiomático, con interferencias de otras lenguas, incompleto...) y es necesario reformularlo «la traducción palabra por palabra llevaría a problemas de estilo, de verosimilitud y de eficacia comunicativa»;

2.2.3 Los destinatarios y/o el cliente imponen este tipo de traducción;

2.2.4 Es la forma de traducir preferida por el traductor y nada se opone a ello;

2.2.5 Es la única forma de traducir que le inspira confianza al traductor y nada se opone a ello;

2.2.6 Es la forma de traducir más conveniente por la situación de traducción (traducción con fines informativos o comunicativos; situación en la que no coexisten el documento original y la traducción y ambas no pueden ser cotejadas; situación en la que el documento original sólo sirve de base para producir un nuevo documento original en la otra lengua; situación en la que al texto traducido se le van a exigir requisitos de documento original).

8. EL TRABAJO CON BIBLIOGRAFÍA ESPECIALIZADA

Ficha de documentación de obras nuevas y creación de una base de datos bibliográfica

La bibliografía de esta unidad se puede presentar a los estudiantes como una relación de las obras más relevantes sobre traducción jurídica indicando que su lectura proporcionará una base teórica sólida para avanzar en la comprensión de los aspectos clave de la traducción jurídica. Si se trabaja en grupo, el profesor puede presentar la bibliografía recomendada detallando los aspectos fundamentales de cada obra y pedir a los estudiantes que completen una ficha de lectura para cuatro de ellas siguiendo las pautas de la propuesta de ficha de documentación. Las fichas así elaboradas por los estudiantes se pueden comentar en clase y crear un fondo de fichas de lectura.

En esta primera unidad hemos creído oportuno incluir una actividad que anime a los estudiantes a archivar desde el principio de forma electrónica toda la información bibliográfica que van adquiriendo. Las obras de referencia se deberían incluir también en la base de datos de documentación del traductor. Para ello es muy conveniente crear desde el principio una base de datos específica para documentación que incluya la bibliografía sobre traducción jurídica. Sugerimos la utilización del programa *End Note* por su facilidad de uso y porque se puede obtener de forma gratuita.

Al final de cada unidad encontrarán más bibliografía sobre temas concretos que pueden ir incorporando a su base de datos. Se puede proponer como ejercicio complementario que al final del curso presenten un número determinado de fichas de lectura, o que a lo largo del curso cada alumno presente en clase la ficha de una obra que le haya parecido interesante o útil para su formación como traductor jurídico.

LA PROFESIÓN DE TRADUCTOR JURÍDICO Y JURADO

Deontología y entornos informáticos para la gestión y la documentación

Objetivos	1. Identificar los retos profesionales (formativos, laborales, fiscales, temporales, informáticos) que plantea un encargo de traducción jurídica.
	2. Adquirir información actualizada sobre el mercado laboral y las salidas profesionales del traductor jurídico.
	3. Conocer las tarifas habituales para los distintos tipos de encargo de traducción jurídica.
	4. Conocer la responsabilidad que adquieren al firmar una traducción (jurídica o jurada) y los seguros de responsabilidad civil que existen para traductores.
	5. Reflexionar sobre cuestiones de ética profesional.
	6. Conocer las asociaciones profesionales relacionadas con la traducción jurídica que existen en nuestro país y en el extranjero.
	7. Captar la necesidad de utilizar un método sistemático de trabajo.
	8. Conocer las etapas que debe seguir el proceso de traducción jurídica.
	9. Conocer los programas informáticos de ayuda a la traducción.
	10. Conocer los recursos de documentación existentes para el traductor jurídico.
	11. Aprender a gestionar los recursos de documentación generados a lo largo del trabajo de traducción.
Contenidos	• Requisitos de formación del traductor jurídico y jurado.
	• El mercado de la traducción jurídica y las tarifas profesionales.
	• El régimen laboral y fiscal del traductor autónomo.
	• Las etapas en la elaboración de la traducción.
	• El protocolo de control de la traducción jurídica.
	• La documentación del traductor jurídico y jurado.
Tareas	1. Reflexiones sobre la figura del traductor jurídico y jurado
	2. Salidas profesionales de la traducción jurídica
	3. El encargo de traducción
	4. Gestión del encargo de traducción
	5. El protocolo de control del proceso de traducción
	6. Aplicación de la ficha de gestión datos del encargo y del protocolo de control del proceso de traducción a cuatro encargos reales
	7. Facturación
	8. Recursos informáticos para la traducción jurídica
	9. Documentación para la traducción jurídica

Materiales	
	Código de ética del traductor e intérprete jurado de la AIJC (*Associació de Traductors i Intèrprets Jurats de Catalunya*)
	Salidas profesionales para el traductor jurídico
	Por fin llegan los traductores de árabe
	Decree Absolute (sentencia de divorcio británica)
	Sugerencias para completar la ficha de datos de un encargo de traducción
	Protocolo para controlar las fases del proceso básico de traducción profesional
	Recomendaciones para organizar el trabajo del traductor jurídico
	The Potential of the Law of Torts to Assist in the Protection of Children
	Deed of conveyance
	Certificate of Birth
	Bylaws of [name of corporation]
	Consejos para facturar correctamente un encargo de traducción
	Modelo básico de factura
	SDL Translation Management System
	Fuentes de documentación para la traducción jurídica
	Creación de recursos propios de documentación

1. REFLEXIONES SOBRE LA FIGURA DEL TRADUCTOR JURÍDICO Y JURADO

Cuestionario inicial

Los estudiantes responden a las preguntas sobre la profesión del traductor jurídico y jurado de modo individual antes de efectuar la puesta en común.

Identificación de códigos deontológicos nacionales e internacionales para traductores

En Internet se pueden encontrar numerosos textos de este tipo. Esta tarea implica mucho tiempo de trabajo frente al ordenador, por lo que, si es posible, conviene que los estudiantes la realicen de forma individual. También se puede trabajar en grupo en el aula de informática pidiendo que cada estudiante o grupo de estudiantes busque un texto en concreto. Ofrecemos un listado de algunos de los que se pueden encontrar en la web y reproducimos el Código de ética del traductor e intérprete jurado de la AIJC (*Associació de Traductors i Intèrprets Jurats de Catalunya*) para orientar la reflexión que proponen los ejercicios siguientes.

Identificación de códigos deontológicos nacionales e internacionales para traductores

1. Recomendaciones para el ejercicio de la traducción de la FIT (Federación Internacional de Traductores;
2. Código de ética del traductor e intérprete jurado de AIJC (Associació de Traductors i Intèrprets Jurats de Catalunya);
3. Codice deontologico de la AITI (Associazione italiana traduttori ed interpreti);
4. Código del traductor científico y técnico de la SFT (Société Française des Traducteurs);
5. Code professionnel de la Chambre Belge des Traducteurs, Interprètes et Philologues;
6. Code of Professional Conduct (corporate members) del ITI (Institute of Translation & Interpreting);
7. Código deontológico BDÜ (Bundesverband der dolmetscher und übersetzer);
8. Code of professional conduct and business practices de la ATA (American Translators' Association);
9. Código Deontológico del CTPCBA (Colegio de traductores públicos de la ciudad de Buenos Aires);
10. Recomendación de Nairobi de la UNESCO;
11. Across Languages Translation Standards of Practice;
12. The Australian Institute of Interpreters and Translators Code of Ethics;
13. Nacional Standards of Practice for Interpreters in Health Care, 2005.

Las asociaciones y las comunidades virtuales de traductores jurídicos

Los resultados obtenidos en este ejercicio variarán según la fecha en que se realice, pero para orientar la búsqueda ofrecemos aquí un listado del tipo de recursos que se pretende que busque el estudiante y algunos de los existentes en la fecha de publicación de este libro.

*   Páginas web de asociaciones profesionales
*   Listas de distribución para traductores (Infotrad, Legal translators, Tecnotrad, Forensic linguistics, Tradumatica, Infojobs, Traductores españoles en la Red Iris, Intérpretes Jurados, El atril del traductor
*   News de grupos profesionales
*   Revistas electrónicas
*   Espacios virtuales de trabajo colaborativo para traductores jurídicos: http://www.gitrad.uji.es

Conducta profesional de los traductores jurados

Este ejercicio se puede explotar de muchas maneras dependiendo del número de estudiantes que tenga el grupo. Podemos proponer una primera fase de reflexión individual y a continuación pedir que se agrupen por parejas o por grupos de 4 personas como máximo. Cada grupo se puede ocupar de un dilema o pedir a todos que los resuelvan en su totalidad. La exposición generará un debate en el que no siempre habrá una respuesta única e ideal y lo que se espera es que surjan argumentos a favor y en contra de cada posibilidad de solución.

2. SALIDAS PROFESIONALES DE LA TRADUCCIÓN JURÍDICA

Mercado profesional

1. Organización de Naciones Unidas: convenios internacionales, discursos, informes técnicos, actas de reuniones;
2. Notarías: testamentos, poderes, actas, escrituras;
3. Juzgados: sentencias, órdenes judiciales, declaraciones, oficios;
4. Empresa exportadora: contratos de transporte o de compraventa, faxes, cartas, presupuestos...;
5. Traductor autónomo: certificados de matrimonio, títulos académicos, certificados médicos, testamentos;
6. Despacho de abogados: contratos, sentencias, dictámenes periciales, autos, demandas.

Ventajas e inconvenientes de los distintos tipos de salidas profesionales

Si se trabaja en grupo, el profesor puede organizar una exposición en clase tomando como base el esquema propuesto. Podríamos hacer una primera división de las salidas profesionales que tenemos en este campo en tres grandes bloques: trabajador por cuenta ajena, trabajador autónomo o creación de una empresa con otros traductores. En la relación laboral se entiende por *trabajador* a «aquella persona física que, voluntaria y personalmente, está obligada a realizar, o efectivamente realiza, una actividad retribuida por cuenta y bajo dependencia ajenas» (art. 1 Estatuto de los Trabajadores). Un trabajador autónomo o empresario individual es la persona física que realiza de forma habitual, personal y directa la actividad económica a título lucrativo, sin sujeción a contrato de trabajo y aunque utilice el servicio remunerado de otras personas.

La responsabilidad del autónomo es ilimitada, respondiendo de las actividades del negocio con todos sus bienes presentes y futuros, de forma que no hay separación entre el patrimonio personal y el de la empresa. Para limitar la responsabilidad personal se puede tomar la decisión de constituir una sociedad. Las sociedades pueden ser civiles y mercantiles. Un tipo de sociedad que resulta interesante para comenzar a trabajar en grupo es la sociedad anónima laboral o la cooperativa. En ambos casos la mayor parte del capital social debe ser propiedad de trabajadores/as que presten en la sociedad servicios retribuidos, de forma personal y directa, y cuya relación lo sea por tiempo indefinido.

A continuación se puede realizar un análisis en grupo de las ventajas e inconvenientes que supone trabajar para uno mismo y trabajar por cuenta ajena, que han identificado los estudiantes en sus resúmenes. En el primer caso eres tu propio jefe y puedes conseguir ingresos importantes. Sin embargo, tienes que asumir todas las responsabilidades de tu trabajo, no trabajas en equipo y los ingresos pueden ser muy variables. Trabajar por cuenta ajena tiene la ventaja de un sueldo fijo (que puede ser mejor o peor) y de que se trabaja en equipo y se puede aprender de los colegas. Además, la responsabilidad recae sobre el empresario. Sin embargo, los horarios son menos flexibles y tienes un tope de ingresos.

La traducción en los organismos internacionales

Pueden dividirse en grupos de dos o tres personas para buscar información sobre los organismos internacionales que funcionan en la actualidad, la existencia de servicios de traducción en dichos organismos, la oferta de plazas de trabajo y los documentos que traducen. Cada grupo puede ofrecer esta información al resto de la clase mediante presentaciones breves y entrega del material de referencia.

Como actividad complementaria, se puede pedir a los estudiantes que busquen información sobre puestos de trabajo en estos organismos, pruebas de entrada, posibilidad de hacer prácticas, remuneración, etc.

 Algunos organismos Internacionales con servicio de traducción

Naciones Unidas
- Organización Mundial del Turismo
- UNESCO
- FAO
- OMS
- OMI (Organización Marítima Internacional)
- Fondo Monetario Internacional...

Unión Europea
- Comisión Europea
- Parlamento Europeo
- Consejo de la UE
- Tribunal de Justicia Europeo
- Tribunal de Cuentas
- Comité Económico y Social Europeo
- Centro de Traducción de los Órganos de la UE
- Banco Central EuropeoComisión Europea

Organización Oleica Internacional
Organización Mundial de Aduanas...

La traducción y la interpretación en la Administración de Justicia española y en otras instituciones públicas

Los resultados de este ejercicio variarán con el tiempo, pues la presencia del traductor es cada vez más importante en el ámbito institucional y año a año se van creando nuevas plazas y servicios. Si se trabaja en grupo, el profesor puede ofrecer el siguiente esquema para que los estudiantes se dividan en grupos e investiguen la existencia de servicios de traducción en los organismos e instituciones que existen en su localidad o en lugares donde les gustaría trabajar en el futuro.

Algunas instituciones públicas españolas que cuentan con servicios de traducción

Ministerio de Asuntos Exteriores
Ministerio de la Presidencia
Ministerio del Interior
- Dirección General de la Policía
- Dirección General de la Guardia Civil
- Secretaría General Técnica

Ministerio de Defensa
Ministerio de Trabajo y Asuntos Sociales
Instituto Nacional de la Seguridad Social
Administración de Justicia
- Audiencia Nacional
- Tribunales Superiores de Justicia
- Consejerías de Justicia

Tribunal de Cuentas, España
Congreso de los Diputados
Banco de España

3. EL ENCARGO DE TRADUCCIÓN

Estudio de un caso

Con esta actividad se intenta profundizar en el análisis del encargo de traducción. Para alcanzar este objetivo utilizamos la técnica del caso. Si se trabaja en grupo, se propone un encargo de traducción y se pide a los estudiantes que reflexionen sobre diversos aspectos de índole práctica. Tras leer el encargo y hacer una lectura rápida del texto, se pide a los estudiantes que rellenen el cuestionario analizando la formación y recursos de que disponen (y los que les faltan) para poder atender este trabajo de forma eficaz: conocimientos sobre el campo temático, práctica, titulación, documentación, glosarios, herramientas informáticas.

También se les pide que se pongan en la piel del traductor y den plazo de entrega y presupuesto, y que calculen el tiempo que podrían dedicar a este encargo si tuvieran que ganarse la vida trabajando de forma exclusiva como traductores por cuenta propia. Además de aspectos profesionales, este ejercicio pretende que salgan a la luz diversas cuestiones relativas a la formación del traductor jurídico: la necesidad de conocer el campo temático, la necesidad de saber documentarse, la importancia de identificar las dificultades que plantea el encargo y la necesidad de establecer prioridades para solucionarlas. Una vez rellenada la ficha se ponen en común las respuestas y se debaten en clase. El ejercicio puede realizarse en unos 45 minutos.

4. GESTIÓN DEL ENCARGO DE TRADUCCIÓN

Creación de una ficha de datos básica y de una base de datos para la gestión del encargo de traducción

Si se trabaja en grupo, cada estudiante crea su propia ficha y a continuación se pide a dos o tres de ellos que la presenten al resto de la clase. Con las sugerencias de todos se define una estructura general, pero insistiendo en que cada uno debería tener un diseño propio de ficha. Si los conocimientos de informática de los alumnos son suficientes, es muy aconsejable que preparen una base de datos de gestión informatizada. Pueden utilizar el *software* con el que estén familiarizados. Se puede plantear como trabajo de equipo voluntario. De esta forma, los estudiantes con más conocimientos de informática podrían diseñarla, presentarla al resto del grupo para que todos dieran ideas y sugerencias de mejora y, una vez introducidos todos los cambios necesarios, ponerla a disposición de todos. Si fuera necesario, el grupo de trabajo enseñaría a utilizar el recurso a los estudiantes que lo solicitaran. No habría que olvidar investigar los productos comerciales que existen en el mercado para este fin.

Propuesta de ficha de datos básica
Nombre archivo original (indicar tipo de soporte: papel o electrónico, ubicación en carpetas o directorios del ordenador...)
Nombre archivo traducción (indicar tipo de soporte: papel o electrónico, ubicación en carpetas o directorios del ordenador...)
Número de palabras
Tema
Cliente (nombre, dirección, teléfono, NIF...)
Presupuesto (con tarifas ofrecidas al cliente)
Fecha de recepción
Fecha de entrega
Traductor
Revisor
Nombre del glosario y ubicación (si existe)
Materiales consultados: bibliografía, diccionarios, URL...
Número de factura

5. EL PROTOCOLO DE CONTROL DEL PROCESO DE TRADUCCIÓN

Para iniciar el ejercicio, el profesor puede partir del esquema de cinco fases propuesto. Tras esta introducción, el grupo puede pasar a analizar el protocolo de control de las fases del proceso de traducción profesional que propone esta unidad, relacionarlas con las conclusiones obtenidas en la actividad anterior y comentar sus distintos apartados y funciones. El protocolo de control se presenta como método para sistematizar el trabajo y comprobar que en el proceso de traducción se recorren todos los pasos necesarios. Cada estudiante crea un protocolo de control propio que deberá aplicar a todas las traducciones que haga durante su periodo formativo. Se pueden comentar en clase los protocolos presentados por varios alumnos y diseñar uno para todos incluyendo las mejores ideas identificadas.

Sean cuales sean las fases que determine el estudiante para su protocolo personalizado, éste debe incluir una columna para indicar el tiempo que se les ha dedicado y otra de observaciones. Podemos indicar que un traductor profesional puede traducir entre 3.000 y 3.500 palabras por día (dependiendo del tipo de texto, el carácter repetitivo del encargo, el hecho de disponer de textos similares ya traducidos, el grado de especialización del traductor en la materia concreta, etc.). El precio es también muy variable y no está sujeto a tarifas oficiales. Del trabajo en clase podría surgir un protocolo como el siguiente:

Modelo básico de protocolo de control del proceso de traducción

Encargo de traducción:		
Fases	Tiempo empleado	Observaciones
1. Análisis del original: léxico, sintaxis, problemas de traducción		
2. Determinación del presupuesto y plazo de entrega		
3. Documentación conceptual y terminológica		
4. Traducción		
5. Primera revisión ortográfica automática		
6. Revisión estilística		
7. Segunda revisión ortográfica		
8. Revisión final		
9. Facturación, entrega y archivo		
10. Glosario terminológico y fraseológico		
Tiempo total empleado		

6. APLICACIÓN DE LA FICHA DE DATOS Y EL PROTOCOLO DE CONTROL DEL PROCESO DE TRADUCCIÓN A CUATRO ENCARGOS REALES

Estudio de casos

Los estudiantes, de forma individual o en grupos, rellenan el protocolo de control para cada uno de los encargos imaginando que ya han realizado la traducción. Entre otras cosas deberán investigar las tarifas vigentes, para lo que se les recomienda que consulten en Internet o que pregunten las tarifas en agencias de traducción, traductores independientes, etc. Si se trabaja en grupo, los estudiantes pueden realizar esta actividad individualmente en una primera fase y comentar los resultados con el resto del grupo en la siguiente sesión.

Al comenzar sesión se puede pedir a los estudiantes que den sus respuestas respecto a presupuesto y plazo de entrega sin detenernos a analizar si son adecuadas o no. Anotamos distintas propuestas en la pizarra. A continuación se plantea un debate sobre los presupuestos presentados por los estudiantes, en el que se discutirán las tarifas existentes en el mercado, los problemas de traducción que plantea cada texto, y los aspectos profesionales que los estudiantes deberán considerar al calcular el presupuesto.

7. FACTURACIÓN

Siguiendo los consejos que se dan en la unidad para facturar correctamente las traducciones, observando el modelo de factura propuesto e investigando los aspectos fiscales que sean de aplicación en cada momento, el estudiante creará cuatro facturas correspondientes a los cuatro encargos de traducción planteados en la actividad anterior. Es conveniente que prepare un presupuesto, una carta que acompañan al mismo y la factura en sí. También se puede pedir que diseñen un logotipo propio, papel de cartas, etc., y que lo utilicen para presentar los documentos solicitados. No hay que olvidar que la facturación puede estar integrada en programas de *software* para traductores que permiten gestionar de forma integral el encargo de traducción.

8. RECURSOS INFORMÁTICOS PARA LA TRADUCCIÓN JURÍDICA

Este bloque de actividades tiene como objetivo motivar al estudiante a que se adapte a las exigencias que plantea la sociedad de la información a los traductores jurídicos. Para ser competitivo en el mercado y ofrecer servicios de calidad es imprescindible incorporar al trabajo diario herramientas tecnológicas avanzadas diseñadas especialmente para traductores.

Las actividades que se proponen aquí son sólo de reflexión, sensibilización y revisión de conocimientos y habilidades. Únicamente pretenden que el estudiante sea consciente de cuáles son las herramientas informáticas que debe dominar y cuál es su nivel de preparación al respecto. Las carencias que se pudieran detectar serían materia de estudio de un curso dedicado íntegramente a las nuevas tecnologías aplicadas a la traducción. De todos modos, las actividades de traducción que se proponen en este manual siempre van dirigidas a su realización en soporte informático.

Software para traductores

Si se trabaja en grupo, se pedirá a los estudiantes que completen la tabla de aplicaciones de forma individual. A continuación los estudiantes ponen en común sus respuestas y el profesor puede guiar el debate para conseguir elaborar un listado consensuado de las aplicaciones informáticas más relevantes para el traductor e introducir conceptos que motiven a los estudiantes a investigar nuevas aplicaciones que aún no conocen. Los conocimientos de informática de los compañeros de grupo serán también un importante elemento formativo y motivador. Si es posible, se puede organizar una sesión en un aula de informática o en un laboratorio de traducción.

A continuación recogemos un listado de algunos programas de *software* que deberían aparecer en la puesta en común, y que el profesor puede explicar brevemente y animar a los estudiantes a que se familiaricen con ellos. Esta lista se ofrece sólo a título orientativo. Lo más conveniente sería que los estudiantes completaran el ejercicio buscando en Internet por *software para traductores* o *translation software*.

 Tipo de aplicación

Procesador de textos
Buscadores de Internet y metabuscadores
Programas que permitan el trabajo con distintas fuentes
Gestor de correo electrónico
Diccionarios electrónicos (monolingües, bilingües, generales, especializados...)
Enciclopedias electrónicas
Memorias de traducción
Bases de datos terminológicas
Extractores de terminología
Compiladores de corpus *ad-hoc*
Convertidores de moneda
Programas de gestión integral del proceso de traducción

Memorias de traducción

La información sobre memorias de traducción se está actualizando constantemente, por lo que recomendamos que esta actividad se realice utilizando información tomada de las webs de los principales distribuidores de este tipo de productos en el momento de su realización. Incluimos una información básica adaptada de Wikipedia como orientación.

 Definición del concepto

Las memorias de traducción, también conocidas como CAT-TOOLS, son programas informáticos diseñados para ayudar a los traductores profesionales. Las memorias de traducción suelen utilizarse en combinación con un procesador de texto, un sistema de gestión de terminología, un diccionario multilingüe, e incluso con el resultado de una traducción automática sin pulir. Y son compatibles con la mayor parte de formatos utilizados actualmente: doc, excel, power point, html, etc.

Una memoria de traducción consta de una base de datos que contiene segmentos de texto en el idioma de partida y la traducción de los mismos en una o más lenguas de llegada, traducción que el traductor profesional va creando y almacenando con la ayuda del programa a medida que desarrolla su trabajo, y que podrá utilizar en el mismo documento (siempre que se presente una coincidencia con un segmento ya almacenado) o en trabajos sucesivos. Los segmentos pueden ser palabras sueltas o frases.

Para reutilizar los segmentos ya traducidos y proponerlos de nuevo, algunas memorias de traducción buscan sólo correspondencias literales, es decir, sólo pueden recuperar coincidencias exactas de las frases, mientras que otras utilizan algoritmos para encontrar cadenas de texto similares (*fuzzy matches*) en las que marcan las diferencias. La flexibilidad y solidez del algoritmo determinan en gran medida el rendimiento de la memoria de traducción, aunque para algunos usos la tasa de «recuerdo» de coincidencias exactas puede ser lo suficientemente alta como para justificar el enfoque literal.

El traductor debe traducir de forma manual los segmentos para los que no se encuentre coincidencia, segmentos que se añaden a la base de datos para utilizarse en futuras traducciones.

Ventajas e inconvenientes

Las memorias de traducción funcionan de forma óptima con textos muy repetitivos, como los manuales técnicos y los textos jurídicos. También son útiles para realizar revisiones, correcciones y pequeñas modificaciones. Utilizar una memoria de traducción de forma reiterada en los textos adecuados durante algún tiempo puede ahorrar mucho trabajo a un traductor. Las memorias de traducción no son adecuadas para textos literarios o creativos por el simple hecho de que hay muy poca repetición en el lenguaje empleado, aunque su utilización puede ayudar de todos modos al traductor, pues la utilización de estos programas ayuda a mantener de forma automática el formato del texto (negrita, tipos de fuente y de estilos utilizados, etc). Quizás su mayor inconveniente es que las memorias no empiezan a funcionar hasta que hemos incorporado a ellas un número importante de traducciones ya hechas.

Memorias de traducción disponibles en el mercado:

- Déjà Vu
- MultiTrans
- SDLX
- Transit
- Trados
- Translation Manager
- Wordfast

La traducción y las nuevas tecnologías

1. Correo electrónico; listas de distribución; foros...
2. Búsquedas terminológicas y conceptuales en Internet; diccionarios electrónicos; consultas a foros de traducción jurídica...
3. Programas de gestión de proyectos de traducción
4. Distintos programas de *software* que permiten trabajar con originales en diversos formatos
5. Memorias de traducción

9. DOCUMENTACIÓN PARA LA TRADUCCIÓN JURÍDICA

Clasificación y gestión de los recursos de documentación

La obtención de documentación a través de Internet resulta de gran utilidad para los traductores especializados, ya que mucha de la información que necesitamos no se encuentra actualizada en soporte papel y, además, las ramas de especialidad son tan numerosas que al traductor le resulta imposible disponer en su lugar de trabajo de diccionarios, obras de referencia, glosarios o expertos a quien consultar sobre todas ellas. El traductor especializado debe organizar de forma sistemática sus recursos de documentación en una base de datos que puede ser la misma que la empleada para la documentación bibliográfica que creó en la Unidad 1.

El traductor jurídico puede encontrar en Internet recursos sobre temas de derecho (sistemas jurídicos, ramas del derecho, figuras jurídicas, organización judicial, aspectos profesionales...), modelos de documentos y textos legales auténticos, glosarios especializados, y foros de debate y de consulta. La consulta en Internet de cuestiones jurídicas correspondientes a ordenamientos de distintos países ahorra al traductor jurídico mucho tiempo de desplazamiento a bibliotecas especializadas y pone a su alcance documentación que sólo podría encontrar en bibliotecas de otros países. Por otra parte, los textos legales auténticos (leyes, contratos, testamentos, sentencias...) son muy útiles como textos paralelos, permiten comprobar la terminología, observar el formato de los textos, comprobar las fórmulas, etc. En el Apéndice de recursos de documentación de este libro y en la página web del traductor jurídico elaborada por el Grupo de Investigación en Traducción Jurídica de la Universitat Jaume I (http://www.gitrad.uji.es) se recogen direcciones donde se puede obtener información sobre derecho (español, británico y norteamericano), textos legales en distintos idiomas, así como glosarios legales y otras herramientas útiles para el traductor jurídico.

¿QUÉ ES EL DERECHO?

Introducción al Derecho para traductores

Objetivos	1. Constatar la importancia del derecho en la vida cotidiana.
	2. Diseñar un plan de formación continua personalizado y a largo plazo a partir del análisis de los conocimientos previos sobre la materia.
	3. Conocer el Derecho en su relación con las ciencias sociales-humanísticas, elaborar una definición del mismo, así como distinguir sus diferentes acepciones y su relación con la sociedad y el Estado.
	4. Comprender la naturaleza del ser humano como parte constitutiva de la sociedad y del Derecho como producto de la cultura, así como su importancia para las relaciones humanas.
	5. Explicar las formas de creación del Derecho al distinguir sus fuentes formales, reales e históricas.
	6. Identificar las disciplinas jurídicas.
	7. Analizar la división derecho público/derecho privado.
	8. Dominar las técnicas de investigación y documentación en la ciencia del derecho para ser capaces de realizar una investigación rápida y eficaz sobre aspectos conceptuales de temas concretos.
	9. Reflexionar sobre la necesidad de adquirir una formación específica en Derecho y sobre los métodos de conseguirlo.
Contenidos	• La importancia del dominio del campo temático para la traducción jurídica.
	• Definición del término *derecho* y tipos de derecho.
	• Las fuentes del derecho.
	• Las ramas del derecho español e inglés.
	• La formación continuada en Derecho del traductor jurídico.
	• Los recursos de documentación para la traducción jurídica.
Tareas	1. La presencia del derecho en la vida diaria
	2. Definición de *derecho*
	3. Origen y necesidad del derecho
	4. Derecho natural y derecho positivo
	5. Las fuentes históricas del derecho
	6. Las fuentes formales del derecho: las leyes
	7. Las ramas del derecho español
	8. Plan de formación continuada en Derecho para traductores

Materiales	What is Law?
	Derecho natural y derecho positivo – Normas morales y normas jurídicas
	Crítica del derecho positivo
	Crítica del derecho natural
	Derecho natural versus Derecho positivo
	El Código de Hammurabi
	Development of Law and Legal Systems
	Fuentes formales del ordenamiento jurídico español
	Clasificaciones del derecho
Material complementario	Identificación de normas morales y jurídicas en los textos legales
	Vinculación entre moral y derecho
	Clases de derecho

1. LA PRESENCIA DEL DERECHO EN LA VIDA DIARIA

El derecho y tú

Esta actividad se presta al debate en clase. El profesor puede dar algunas ideas iniciales y a partir de ahí las posibilidades de respuestas son infinitas. Recogemos algunas ideas que nos ha sugerido el profesor Santiago García Campa de la Universitat Jaume I de Castellón.

1. Apagar el despertador (si está conectado a la luz, estamos ante un contrato de suministro eléctrico).
2. Usar el dormitorio de una casa (derecho de uso); en caso de estar arrendada, estamos ante un contrato de arrendamiento; en caso de estar comprada, ante un contrato de compraventa de bienes inmuebles.
3. Ducharnos (norma de tipo higiénico, pero el agua consumida se recibe gracias a un contrato de suministro de agua corriente).
4. Desayunar (la leche, los cereales y cualquier otro tipo de alimentos consumidos deben cumplir estrictas normas legales de higiene, calidad, publicidad, etc.). En caso de consumirlos en un bar o en una cafetería, estamos ante un contrato de compraventa, donde el comercio donde adquirimos o consumimos los productos debe cumplir con ciertas normas para obtener la licencia de actividades (higiene, consumo, precios, etc.) .
5. Guardar cola a la hora de esperar en la parada del autobús (norma social).
6. Ir en autobús a la universidad (contrato de transporte que incorpora un seguro obligatorio de vehículos). En caso de trasladarse hasta la universidad en coche particular, nos encontramos ante un derecho de propiedad del automóvil (si el estudiante es su propietario) o ante un derecho de uso (si se lo ha dejado su familia). Igualmente, todas las normas de tráfico que debe observar durante la conducción son normas de tipo jurídico.

7. Sentarse junto a los compañeros/as habituales (norma social o de amistad).

8. Atender a las lecciones de una determinada asignatura; en este caso, traducción jurídica (derecho que se adquiere solamente tras el pago de las correspondientes tasas académicas).

9. Incluso durante las clases, el profesorado está protegido por la libertad de cátedra y el alumnado por la reciente ley reguladora del consumo de tabaco en lugares públicos.

10. En cambio, a la hora de responder a estas preguntas, el alumnado se está rigiendo por reglas gramaticales y ortográficas de carácter no jurídico.

Comprueba tus conocimientos iniciales sobre derecho

Si se trabaja en grupo, el profesor puede explicar el contenido de la tabla y dar instrucciones para completarla. En primer lugar, el estudiante debe reflexionar sobre los conocimientos que posee en cada una de las materias. Es posible que sus conocimientos sean nulos, en cuyo caso se le pedirá que anote los términos o conceptos con los que cree que dicha materia puede estar relacionada. A continuación, debe anotar en la siguiente columna el nivel de «interés» que le sugiere cada una de ellas, tanto por atracción intelectual como por interés profesional, con el fin de tenerlo en cuenta todo ello a la hora de elaborar el plan de formación. El profesor puede promover la reflexión sobre los encargos profesionales de traducción que puede generar cada rama. Una vez concluida la tarea, el estudiante cuenta con una tabla de materias en la que constan sus necesidades de formación y sus preferencias.

2. DEFINICIÓN DE DERECHO

Algunas definiciones del término *derecho*

La mayoría de definiciones del *derecho*, desde un ángulo objetivo, tienen unos puntos en común que describen características propias de él y que podemos resumir así:

1. El derecho como un conjunto de reglas;
2. El derecho como un conjunto de normas con la función de regular las relaciones de la conducta humana, del comportamiento del hombre;
3. El fin del derecho es el permitir al hombre su vida en sociedad, el bien común, la justicia, etc.;
4. El carácter coercible de las normas que componen el derecho.

Sobre la base de estos elementos podemos manifestar que el derecho es la expresión de los principios de justicia que regulan las relaciones de las personas en sociedad y determinan las facultades y obligaciones que les corresponden, considerando las circunstancias histórico-sociales. El Diccionario de la RAE recoge, entre otras muchas acepciones que no nos interesan por no estar relacionadas con el tema de este manual, las siguientes:

1. Facultad del ser humano para hacer legítimamente lo que conduce a los fines de su vida.
2. Facultad de hacer o exigir todo aquello que la ley o la autoridad establece en nuestro favor, o que el dueño de una cosa nos permite en ella.
3. Consecuencia natural del estado de una persona, o de sus relaciones con respecto a otras. El derecho del padre. Los derechos de la amistad.
4. Acción que se tiene sobre una persona o sobre una cosa.
5. Justicia, razón.
6. Conjunto de principios y normas, expresivos de una idea de justicia y de orden, que regulan las relaciones humanas en toda sociedad y cuya observancia puede ser impuesta de manera coactiva.
7. Ciencia que estudia estos principios y preceptos.
8. Exención, franquicia, privilegio.
9. Facultad que abraza el estudio del derecho en sus diferentes órdenes.
10. Cantidad que se paga, con arreglo a arancel, por la introducción de una mercancía o por otro hecho consignado por la ley. Derechos aduaneros, notariales.
11. Cantidad que se cobra en ciertas profesiones, como la de notario, arquitecto, etc.

Significado de las expresiones con el término *derecho*

derecho a la patria potestad. Es el derecho de criar a un hijo, educarlo, inculcarle sus ideas políticas y religiosas, etc.; al mismo tiempo significa la obligación de mantenerlo, brindarle la debida protección de orden material y espiritual, educarlo, etcétera.

derecho a opinar. Facultad por la que una persona puede expresar libremente su parecer.

derecho administrativo. Parte del ordenamiento jurídico, que regula la Administración Pública, su organización y sus servicios, así como sus relaciones con los ciudadanos.

derecho al pataleo. coloq. Última y vana actitud de protesta que adopta o puede adoptar el que se siente defraudado en sus derechos.

derecho canónico. Conjunto de normas jurídicas promulgadas o reconocidas por los órganos eclesiásticos competentes que determinan la organización de la Iglesia y regulan la vida de los fieles católicos en cuanto corresponde al fuero externo, de acuerdo con los fines propios de la institución eclesial.

derecho civil. 1. El que regula las relaciones privadas de los ciudadanos entre sí.

derecho civil. 2. Derecho romano.

derecho constitucional. El derivado de la Constitución.

derecho consuetudinario. El introducido por la costumbre.

derecho de acrecer. 1. Derecho de uno o varios coherederos o colegatarios a la porción o parte de la herencia a la que otro u otros renuncian o no pueden adquirir.

derecho de acrecer. 2. En los cabildos de las iglesias donde se gana y distribuye la renta según las asistencias personales de sus ministros, distribución entre los asistentes a las celebraciones litúrgicas de la parte de renta que pierden quienes no asisten.

derecho de admisión. Facultad por la que el titular de un establecimiento abierto al público se reserva la decisión de denegar la entrada a éste.

derecho de asilo. Privilegio de asilo (refugio para los perseguidos).

derecho de autor. El que la ley reconoce al autor de una obra para participar en los beneficios que produzca su publicación, ejecución o reproducción, y que alcanza, en algunos casos, a los ejecutantes e intérpretes.

derecho de avería. En el comercio de varios países ultramarinos, cierto repartimiento o gabela impuesto sobre los mercaderes o las mercancías, y el ramo de renta compuesto de este repartimiento y derecho.

derecho de gentes. 1. Derecho natural que los romanos admitían entre todos los hombres, a diferencia del que era peculiar de sus ciudadanos.

derecho de gentes. 2. Derecho internacional.

derecho de rectificación. El que concede o reconoce la ley de imprenta a la persona aludida expresamente en un periódico para contestar desde éste a las alusiones que se le hayan dirigido.

derecho de regalía. El que se paga por el tabaco elaborado al ser introducido en España.

derecho mercantil. El que especialmente regula las relaciones que conciernen a las personas, los lugares, los contratos y los actos del comercio terrestre y marítimo.

derecho musulmán. El que regula casi todos los aspectos de la sociedad y la vida de las y los musulmanes.

derecho penal. El que establece y regula la represión o castigo de los crímenes o delitos, por medio de la imposición de las penas.

derecho procesal. El relativo a los procedimientos civiles y criminales.

derecho público. El que tiene por objeto regular el orden general del Estado y sus relaciones, ya con los súbditos, ya con los demás Estados.

derecho subsidiario. El que se aplica en defecto de otra norma.

derechos de aduana. Impuestos establecidos en el Arancel de Aduana a las mercancías que entren en territorio aduanero.

derechos fundamentales. Los que, por ser inherentes a la dignidad humana y por resultar necesarios para el libre desarrollo de la personalidad, suelen ser recogidos por las constituciones modernas asignándoles un valor jurídico superior.

derechos notariales. Se da el nombre de *derechos* a la retribución por ciertos servicios, que se hace con arreglo a una tarifa; por ejemplo, la de un notario o un arquitecto por sus trabajos, lo que se paga por copia de documentos en archivos públicos o lo que se paga por matricularse en un centro oficial de enseñanza.

derechos reales. Derechos de una persona sobre las cosas.

doctor en derecho. Persona que ha recibido el último y preeminente grado académico en ciencias del derecho que confiere una universidad u otro establecimiento autorizado para ello.

doctrina del derecho. Son los consensos de opiniones entre los juristas de renombre y autoridad.

facultad de derecho. Una de las grandes divisiones de una universidad, correspondiente a la rama del derecho, y en la que se dan las enseñanzas de esta carrera o de carreras afines a la misma.

ino hay derecho [a...]! (inf.). Exclamación de protesta contra algo que se encuentra intolerable. Se usa muy frecuentemente en tono humorístico: 'iNo hay derecho a que ganes siempre!'

ser de derecho. Ser justo o legal.

teoría del derecho. Rama del derecho que trata los fundamentos básicos filosóficos del Derecho tal como hoy se conoce y las ideas que lo han hecho evolucionar hasta nuestros días.

Acepciones con las que están relacionadas

Acepción	Expresiones que genera
1. Derecho- valor para significar una suma de dinero debida a una entidad general-mente del estado o a una institución *sui generis* como las notarías.	1. Derechos de aduana, derechos de regalía, derecho de avería, derechos notariales, derechos de matrícula;
2. Derecho como sinónimo de *ciencia del derecho.*	2. Doctor en derecho, teoría del derecho, facultad de derecho, doctrina del derecho;
3. Derecho como sinónimo de *pretensión.* Cuando con este término queremos expresar la facultad o poder que tenemos para realizar determinadas conductas o actos o para exigirlos de alguien.	3. Derecho a opinar, derecho de cobrar un pagaré, derecho de asilo, derecho de autor, derecho al pataleo, derecho de acrecer, derecho de admisión, derecho a la patria potestad, derecho de rectificación, derechos fundamentales, derecho a la intimidad, derecho real;
4. Derecho como Norma o como Sistema o Conjunto de Normas de carácter jurídico por las que se rige un grupo social o regu-lan la convivencia en sociedad, en una época determinada. En esta acepción se incluirían las ramas del Derecho.	4. Derecho civil, derecho español, derecho canónico, derecho mercantil, derecho administrativo, derecho musulmán, derecho procesal, derecho de gentes, derecho civil, derecho constitucional, derecho consuetudinario, derecho subsidiario, derecho penal, derecho público;
5. Como sinónimo o ideal de justicia. Es un uso incorrecto por cuanto «no se puede afirmar que exista una identidad entre las nociones de *derecho* y *justicia*».	5. No hay derecho, ser de derecho.

Tipos de derecho

 Derecho nacional, derecho internacional y derecho comunitario: El derecho nacional procede de la voluntad unilateral del Estado, que rige las relaciones entre los individuos o entre éstos y el Estado; el derecho internacional es el que regula las relaciones de unos Estados con otros, los vínculos entre ciudadanos de distintas naciones y los derechos y deberes de los extranjeros respecto al territorio en que se hallan; por último, el derecho comunitario es el propio de cada uno de los Estados miembros, lo mismo que su derecho nacional, con la calidad suplementaria de coronar la jerarquía de los textos normativos de cada uno de ellos.

Derecho objetivo y derecho subjetivo: El derecho, en su sentido objetivo, es un conjunto de normas. Se trata de preceptos imperativo-atributivos, es decir, de reglas que, además de imponer deberes, conceden facultades. Frente al obligado por una norma jurídica descubrimos siempre a otra persona facultada para exigirle el cumplimiento de lo prescrito. La autorización concedida al pretensor por el precepto es el derecho subjetivo. El derecho objetivo es la norma que exige o prohíbe, y el derecho subjetivo el permiso derivado de la norma.

Derecho sustantivo y derecho adjetivo: El derecho sustantivo es el derecho de fondo, que consiste en el conjunto de normas jurídicas de diverso linaje que establecen los derechos y obligaciones de las personas. El derecho adjetivo es el derecho de forma, es decir, constituye el conjunto de normas y principios que tienden especialmente a regular las relaciones jurídicas, poniendo en ejercicio la actividad judicial, comprendiendo las leyes procedimentales y de enjuiciamiento.

Derecho público y derecho privado: El derecho público es el que tiene por objeto regular el orden general del Estado y sus relaciones ya con los súbditos, ya con los demás Estados. El derecho privado es el que tiene por objeto regular la actividad de los particulares entre sí, o de éstos y el Estado u organismos públicos, cuando actúan de forma privada.

Derecho legislado y derecho consuetudinario: En derecho legislado prevalece la ley escrita y su vigencia se encuentra condicionada por la reunión de ciertos requisitos que la ley enumera. El derecho consuetudinario se basa en los usos y costumbres jurídicos de una comunidad y no en las leyes escritas.

Derecho federal, derecho estatal y derecho municipal: Algunos países tienen un sistema de derecho de tres niveles: el nivel federal (el conjunto de estados coronado por la Constitución), el nivel estatal y el nivel municipal, que regula el régimen de los concejos o municipios, como corporaciones y en relación con los vecindarios respectivos.

Derecho natural, derecho vigente y derecho eficaz: El derecho natural se refiere a los primeros principios de lo justo y de lo injusto, inspirados por la naturaleza y que como ideal trata de realizar el derecho positivo. El derecho vigente está integrado tanto por las reglas de origen consuetudinario que el poder público reconoce, como los preceptos que formula. Se considera derecho eficaz el que se puede aplicar.

3. ORIGEN Y NECESIDAD DEL DERECHO

Comprensión lectora y opinión personal

1. Resolver litigios y organizar el gobierno de la sociedad.
2. El derecho cumple diversas funciones:
   - Ayuda a mantener la paz, el orden y la estabilidad dentro de una sociedad.
   - Es un mecanismo que impulsa el cambio social, como demuestra la promulgación de leyes contra la discriminación social y mejora de la calidad de vida de la persona en materia de sanidad, educación y asistencia social.
3. Opinión personal.

4. DERECHO NATURAL Y DERECHO POSITIVO

Identificación de normas de derecho natural o positivo

Normas de derecho natural:
   - No matar.
   - Respetar la igualdad de derechos de todos los seres humanos.
   - Respetar el derecho a la libertad.
   - Respetar el derecho a la propiedad privada...

Normas de derecho positivo:
   - Obligación de registrar las sociedades anónimas en el Registro Mercantil.
   - Obligación de parar en un semáforo en rojo.
   - La mayoría de edad.
   - Plazos y términos establecidos por la Administración para trámites de diversa naturaleza.

 ### Identificación de normas de derecho natural o positivo en los textos legales

El ejercicio anterior se puede ampliar pidiendo que el estudiante consulte textos jurídicos y busque cuatro normas que permitan defender la presencia del derecho natural en los textos jurídicos y cuatro reglas que formen parte del derecho positivo.

Normas de derecho natural
Art. 10.1 de la Constitución Española (1978): La dignidad de la persona, los derechos inviolables que le son inherentes, el libre desarrollo de la personalidad, el respeto a la ley y a los derechos de los demás son fundamento del orden político y de la paz social.
Art. 6.1 de la Constitución Irlandesa (1937): Todos los poderes del Estado, legislativo, ejecutivo y judicial, emanan de Dios a través del pueblo, quien tiene derecho a designar a los gobernantes del Estado y, en última instancia, a pronunciarse sobre cualesquiera cuestiones de política nacional, conforme a las exigencias del bien común.
Declaración de derechos del buen pueblo de Virginia (1776): 1. Que todos los hombres son por naturaleza igualmente libres e independientes y tienen ciertos derechos inherentes, de los que, cuando entran en sociedad, no se pueden privar o desposeer a su posterioridad por ningún pacto, a saber: el goce de la vida y de la libertad, con los medios de adquirir y poseer la propiedad privada, y de buscar y obtener la felicidad y la seguridad.
Art. 138 de la Ley orgánica 10/1995, de 23 de noviembre, por la que se aprueba el Código Penal (BOE del 24): El que matare a otro será castigado, como reo de homicidio, con la pena de prisión de diez a quince años.

Normas de derecho positivo
Art. 12 de la Constitución Española: Los españoles son mayores de edad a los dieciocho años.
Art. 2.265 del código civil italiano (R.D. 16 marzo 1942, n. 262 (G.U. 4 abril): Es nulo el pacto mediante el cual uno o más socios [de una sociedad] son excluidos de cualquier participación en los beneficios o en las pérdidas.
Art. 1.1 del código civil español: Las fuentes del ordenamiento jurídico español son la ley, la costumbre y los principios generales del Derecho.
Art. 48.1 de la Ley 30/1992, de 26 de noviembre, de régimen jurídico de las administraciones públicas y del procedimiento administrativo común (BOE del 27): Siempre que por ley o normativa comunitaria europea no se exprese otra cosa, cuando los plazos se señalen por días, se entiende que éstos son hábiles, excluyéndose del cómputo los domingos y los festivos. Cuando los plazos se señalen por días naturales, se hará constar esta circunstancia en las correspondientes notificaciones.

Norma jurídica y norma moral

1. Obligación de indemnizar a un tercero por daños y perjuicios causados en su persona o en sus bienes (art. 1.902 del código civil), respetar el derecho a la vida (art. 15.1 CE), contribuir al sostenimiento de los gastos públicos de acuerdo con la capacidad económica (art. 31.1 CE), etc.

2. Pena de muerte en algunos Estados (Estados Unidos, Filipinas, Irán, China...); racionamiento de comida en situación de guerra; limitaciones al derecho de circulación en estados de alarma, excepción y sitio; expulsión de personas extranjeras en situación administrativa irregular, etc.

3. Ofrecer trabajo a una persona inmigrante en situación administrativa irregular o ayudar a un refugiado; ejercer la objeción de conciencia fiscal según el porcentaje de los presupuestos del Estado destinado a gastos de naturaleza militar; contraer matrimonio con más de una persona (normalmente de sexo femenino), etc.

4. Matar a una persona (art. 138 del código penal), no velar por los hijos menores ni prestarles alimentos (art. 110 del código civil), no ejercer los derechos de buena fe (art. 7.1 del código civil), etc.

Investigación y opinión personal

 1. ¿Cuáles son las diferencias de criterios que separan al iuspositivismo del iusnaturalismo?

Iuspositivismo: Por derecho sólo debe entenderse el conjunto de normas dictadas por el Estado; no importa que se adecúen o no a la moral vigente en esa sociedad, pues sigue siendo derecho.

Iusnaturalismo: Parte de la idea de que el derecho natural es algo invariable, concebido como un conjunto de principios de justicia universales, basados en la razón y en la naturaleza humana. Para que el derecho vigente en una sociedad sea justo es preciso que las normas jurídicas se adapten a la idea de justicia imperante dentro de dicha sociedad, que el derecho positivo coincida con el derecho natural formado por aquellas reglas que en una sociedad representan un ideal de justicia. Si esa coincidencia no se da, hablaremos de *mandato injusto*.

2. ¿Cuáles son las críticas al iuspositivismo?

Es imposible aceptar la separación total entre moral y derecho; No se puede identificar la ley con el derecho; Acaba siendo derecho el mandato arbitrario por el hecho de haber sido sancionado por el legislador; Otorga categoría jurídica a las leyes aunque sean injustas; Rebaja el orden jurídico a una suma de medidas coercitivas.

3. ¿Cuáles son las críticas al iusnaturalismo?

El derecho natural no es universal e inmutable; moral como elemento necesario del derecho; No existe un código universalmente aceptado de las normas que constituirían el derecho natural; Existen divergencias a la hora de determinar si una ley es o no justa; Quienes formulan el derecho natural por su condición de hombres están expuestos a error.

 Vinculación entre moral y derecho

¿Es la moral un concepto extraño al derecho o, por el contrario, es un ingrediente necesario de él? Alrededor de esta cuestión se ha trabado una de las más trascendentales polémicas del pensamiento contemporáneo.

El positivismo jurídico ha sido llevado a su plenitud y ha alcanzado un renovado vigor a partir de las enseñanzas de Hans Kelsen. Según el maestro vienés, por *derecho*, sólo debe entenderse el derecho positivo, es decir, el conjunto de normas dictadas por el Estado. La moral, la política, son conceptos metajurídicos, no forman parte de la norma jurídica. Ello no significa negar su influencia en el derecho; por el contrario, el legislador suele generalmente inspirarse al dictar la ley en ideas de orden moral o político. Pero el derecho es tal por el solo hecho de haber sido sancionado por el legislador y estar respaldado por la fuerza pública; no importa que se adecúe o no a la moral vigente en esa sociedad; mejor si ello ocurre, pero si no es así lo mismo es derecho.

Crítica: Es necesario reconocer que la Teoría Pura del derecho ha sido expuesta con un rigor lógico imponente. Pero hay que admitir también que está muy lejos de satisfacer graves inquietudes del espíritu humano. No es posible aceptar esta separación total entre derecho y moral, ni que tanto merezca el nombre de derecho la norma justa, como el mandato arbitrario, por el solo hecho de provenir del legislador. El llamado *derecho injusto* es un contrasentido; si es injusto, no es derecho.

Frente a la postura crudamente realista del positivismo, la escuela del **derecho natural** afirma que la justicia es un elemento necesario del derecho. Esto implica, por consiguiente, negar categoría jurídica a las leyes injustas, lo que lleva implícito el derecho a negar obediencia a tales normas. Se comprende así toda la gravedad que encierra esta cuestión y, por ende, la importancia del siguiente interrogante: ¿cuál es el criterio que, dentro de las complejísimas cuestiones jurídicas, ha de permitirnos distinguir lo justo de lo injusto?

Ese criterio no es otro que el derecho natural. Si la ley es conforme a él, es justa; si es incompatible con él, es injusta. Entiéndase por *derecho natural* aquel que surge de la naturaleza humana y que es revelado al hombre por la razón. Por esa circunstancia de provenir de la naturaleza misma del hombre, es inmutable y universal. El derecho positivo, pues, debe ajustarse al derecho natural, lo cual no significa que aquí participe del mismo carácter de inmutabilidad de éste. El derecho natural no hace sino fijar los grandes principios, las líneas rectoras de la organización social; pero dentro de ellas caben soluciones distintas, aplicables a diferentes pueblos y épocas, puesto que las circunstancias difieren.

De más está agregar que siendo la justicia una virtud moral, el planteo de la escuela de derecho natural implica que la moral es un ingrediente necesario del derecho. Si se quita el carácter moral del derecho y de los deberes jurídicos, se quita toda su dignidad y toda su nobleza al orden jurídico entero, rebajándolo a una suma de medidas coercitivas, a un sistema policíaco.

La profunda crisis que está viviendo el mundo contemporáneo, ha provocado un poderoso movimiento iusnaturalista, que en abierta lucha con el positivismo, combate por la dignidad del derecho y por exaltar los valores eternos de la condición humana.

Crítica: Se ha hecho, contra esta teoría, la grave objeción de que no ha sido posible ponerse de acuerdo sobre las normas concretas que constituirían el llamado *derecho natural*. Sobre este punto existen graves divergencias aun entre sus sostenedores; lo que para unos es conforme al derecho natural, para otros no lo es. En el fondo, lo que llamamos *derecho natural* no sería otra cosa que nuestro propio ideal confrontado con el derecho positivo. Sin duda, la observación es seria. No existe, desde luego, un código universalmente aceptado, que reúna las normas de derecho natural y conforme al cual podamos afirmar si una determinada ley positiva es justa o no. Pero también es cierto que el acuerdo sobre los grandes principios no solamente no es imposible, sino que es simple. Debe aceptarse que el respeto de la libertad y, por ende, de la dignidad humana, es de derecho natural; igualmente lo es el imperio de la igualdad, entendiendo por tal la que se desprende de la naturaleza y destino del ser humano, lo que no implica negar las desigualdades accidentales propias de cada sujeto; son también de derecho natural la familia, las asociaciones, la propiedad, y el derecho debe garantizarlas y asegurar su normal desenvolvimiento. Todo ello forma la base del derecho natural y sobre estas materias existe acuerdo general.

No es de extrañar que al concretar las instituciones humanas en la legislación positiva se susciten divergencias sobre si tal o cual norma es conforme a la ley natural. Pero estas dificultades (inevitables si se piensa que quienes deben formular el derecho natural en reglas objetivas son hombres y que, como tales, están expuestos permanentemente al error) no obstan a que quede en pie el concepto central: que hay derechos que el hombre posee como tal, como criatura de Dios, de los cuales no puede ser despojado por el legislador; que hay normas imperativas injustas y que no se puede identificar ciegamente la ley con el derecho.

Adaptado de Guillermo A. Borda (1974). Manual de derecho Civil – Parte General. Editorial Emilio Perrot, Buenos Aires.

6. LAS FUENTES FORMALES DEL DERECHO: LAS LEYES

Elementos de los sistemas legales

1. Normas que prohíben o imponen una determinada conducta bajo pena de sanción;

2. Normas que obligan a indemnizar a las personas agraviadas;

3. Normas que establecen los formalismos que hay que seguir en determinadas áreas del derecho, tales como formalizar un contrato u otorgar un testamento;

4. Un sistema de tribunales que establezca las normas, que determine si han sido infringidas e imponga la sanción que corresponda;

5. Un organismo encargado de elaborar las leyes, modificarlas o revocarlas en caso necesario.

Fuentes del ordenamiento español

1. Según el artículo 1.1 del Código Civil: «Las fuentes del ordenamiento jurídico español son: la Ley, la Costumbre y los Principios Generales del derecho». También hay que tener en cuenta la Jurisprudencia.

2. La ley es toda norma emanada de los organismos del Estado a quienes corresponde la labor de legislar. En España estos organismos son: el Congreso, el Senado y las Cortes Autonómicas. Las leyes son normas de carácter general, obligatorias y que se publican en el BOE o en el DOGV y no entran en vigor hasta 20 días después de su publicación.

3. Clases de leyes: La Constitución: es la ley fundamental del Estado. Tratados internacionales: es necesaria una ley orgánica para que puedan ser creados. Leyes de armonización: establecen los principios necesarios para armonizar las leyes de las Comunidades Autónomas. Leyes orgánicas: están relacionadas con el desarrollo de los derechos fundamentales y las libertades públicas. Leyes de bases: se emplean para delegar la formación de textos articulados en los que se delimitarán con precisión el objeto y los criterios que han de seguirse en el proceso. Leyes

marco: se refieren a materias de competencia estatal que pueden delegarse en una o en todas las Comunidades Autónomas. Otras: leyes ordinarias y los decretos legislativos y decretos ley que se delegan en el gobierno aunque tienen rango de ley (no emanan del Congreso, Senado o de las Cortes Autonómicas).

4. La labor de legislar corresponde en España a los organismos del Estado que son: el Congreso, el Senado y las Cortes Autonómicas.

5. En este caso, según el Código Civil regirá la costumbre, siempre que no resulte contraria a la moral o al orden público y que resulte probada. Los requisitos para que sea aceptada son: que sea de uso repetido, que los tribunales la hayan validado y que su contenido sea razonable.

6. Por *principio general del derecho* se entiende aquellos principios aceptados por igual en todos los sistemas jurídicos del derecho interno estatal de los Estados que forman parte de la sociedad internacional. Podemos citar como ejemplo la buena fe. Se entiende por buena fe el modelo de conducta que socialmente es considerado honesto y adecuado. Otro principio importante, el de *In dubio pro reo* (en la duda, a favor del reo), se aplica en materia criminal, en la que están en juego la libertad y la vida de los individuos. El aforismo desempeña un papel de trascendental importancia porque el juzgador en manera alguna puede condenar al acusado de haber cometido un delito sin una disposición legal que condene criminalmente el hecho cometido y sin una evidente y clara convicción de que el inculpado es realmente el autor del delito.

7. La Convención de Viena de 1986 sobre el derecho de los tratados entre Estados y organizaciones internacionales o entre organizaciones internacionales.

7. LAS RAMAS DEL DERECHO ESPAÑOL

El conocimiento de la existencia de distintas áreas del derecho debe ser uno de los primeros objetivos extralingüísticos en el aprendizaje de la traducción jurídica, ya que este conocimiento aporta a los estudiantes una visión panorámica que les servirá para configurarse una visión sistemática y les proporcionará las bases fundamentales para la comprensión del campo y del texto. A partir de este conocimiento puede incidirse en las áreas que mayor volumen de traducción generan (como, por ejemplo, el derecho mercantil), en especial atendiendo al contexto en el que se prevé que ejercerán los estudiantes, como por ejemplo el área económica en la que se sitúa la propia universidad y las instituciones que se encuentran en su entorno.

 ### Clases de derecho

La clasificación clásica de las diferentes parcelas de la actividad humana que cubre el derecho positivo es la división en derecho público y derecho privado.

La distinción entre derecho público y privado debe fijarse en el sujeto de la relación: si interviene el Estado como poder público, estamos en presencia de una norma de derecho público; si intervienen sólo los particulares, o el Estado en su carácter de simple persona jurídica, se trata de derecho privado.

Algunas veces, el Estado delega sus atribuciones en los particulares, como ocurre con frecuencia con ciertos servicios públicos; pero, por esa misma circunstancia de actuar por delegación, de hacerlo en lugar del Estado, como si fuera éste, tales actividades están regladas por el derecho público. Por el contrario, a veces el Estado actúa como simple particular, por ejemplo, cuando alquila una casa, ya sea como propietario o locatario: en tal caso, la relación que se establece es de derecho privado.

Con todo, aunque es preferible el criterio de distinción fundado en el sujeto de la relación, no puede negarse que los otros confluyen a tipificar de una manera más rigurosa el derecho público y privado. No debe creerse, sin embargo, que estas dos grandes ramas del derecho son algo así como compartimentos estancos, sin vinculación entre sí. Por el contrario, están estrechamente ligados: la violación de normas de derecho privado trae como consecuencia la aplicación de normas de derecho público; por ejemplo, el hurto (lesión al derecho de propiedad) trae aparejada la aplicación de una pena; a la inversa, la transgresión de deberes públicos puede dar lugar a la acción de daños y perjuicios del damnificado contra el Estado o el funcionario culpable. En realidad el derecho es uno: el edificio jurídico es único y coronado por la Constitución nacional; ésta es el elemento aglutinante y, por así decir, la base sobre la que reposa todo el ordenamiento legal.

Las ramas del derecho público son las siguientes:

a. El derecho constitucional, que organiza el Estado, determina las relaciones y facultades de los distintos poderes y establece las normas fundamentales de convivencia social.

b. El derecho administrativo, que organiza el funcionamiento de la Administración pública, ya sea nacional, provincial o municipal, y las relaciones entre ella y los administrados.

c. El derecho penal, que establece la legislación represiva de los delitos, en protección del orden social.

d. El derecho internacional público, que rige las relaciones de los Estados entre sí.

Más difícil todavía es la ubicación del derecho Procesal. Se ha sostenido que se trata de una rama del derecho público, puesto que su objeto es el funcionamiento de un servicio público, como es la Administración de justicia. Esta opinión nos parece indiscutible en lo que atañe al procedimiento penal y administrativo. En cambio, en lo que se refiere al procedimiento civil y comercial, y al laboral, es preferible considerárselo integrante del derecho privado. El objeto de este procedimiento es hacer efectivos los derechos que las leyes conceden a los particulares; sin las correspondientes acciones, tales derechos no tendrían vigencia práctica; aquéllas son, por lo tanto, la consecuencia necesaria de éstos y deben tener su misma naturaleza jurídica. Además, estas ramas del procedimiento reglan las controversias de los particulares entre sí; por consiguiente, forman parte del derecho privado.

A su vez, el derecho privado cuenta con las siguientes ramas:

a. El derecho civil, tronco común de todas las ramas del derecho privado.

b. El derecho comercial, que regla las relaciones de los comerciantes y las consecuencias jurídicas de los actos de comercio.

c. El derecho de la navegación, que atañe al comercio marítimo y aéreo.

Adaptado de varios autores.

¿derecho público o privado?

	Derecho público	Derecho privado
Sentencia que condena a un delincuente a prisión.	X	
Alquiler de un apartamento en la costa.		X
Apertura de una cuenta corriente bancaria.		X
Iniciación de un expediente para la tala de árbol en el municipio.	X	
Compraventa de una vivienda.		X
Solicitud de licencia de apertura de un restaurante.	X	

Definición de derecho público y privado

1) **derecho público:** Lo constituyen las diferentes normas que regulan la actividad del Estado y los entes públicos entre sí, así como las actividades que realizan con los particulares cuando actúan de forma oficial. Por ejemplo, cuando el Ministerio de Educación nombra funcionarios, se trata de una relación jurídica en la que el Ministerio actúa revestido de su poder, aunque entre en contacto con particulares, por tanto, será una relación regulada por el derecho público. El Estado actúa como representante del interés general, tiene poder público y, respecto a cada habitante, es superior. El Estado también podrá actuar con las normas del derecho privado. El derecho administrativo, penal y tributario son derechos públicos.

2) **derecho privado:** Lo constituyen las normas que regulan la actividad de los particulares entre sí, o de éstos y el Estado u organismos públicos, cuando actúan de forma privada; por ejemplo, un préstamo pedido por un particular a un banco se regula por el derecho privado, y si el préstamo es pedido a un banco privado por un organismo público también se regulará por el derecho privado, ya que en este caso el organismo público actúa como si se tratase de un particular.

Análisis de los programas universitarios de la carrera de derecho en España

Esta actividad se puede realizar en grupos. A partir del plan de estudios de una universidad española se plantea una breve exposición en clase de cada una de las asignaturas del mismo. Se pide a los distintos grupos que consigan un programa de estudios de la titulación de derecho de su universidad y que preparen para exponer en la próxima clase una breve descripción de cada una de las asignaturas, que constituyen las ramas o subespecialidades del derecho: derecho civil, penal, procesal, administrativo.

Como ejercicio complementario se les puede recomendar también que consigan un programa de estudios de una Facultad de derecho británica y que describan brevemente cada una de las asignaturas y establezcan equivalencias con el programa español. Las exposiciones podrían ser de unos 10 minutos y se podrá utilizar todo tipo de recursos. Hay que intentar que sean amenas y que los contenidos sean relevantes para el resto del grupo, teniendo siempre en mente el objetivo de esta actividad: entender el contenido de las distintas ramas o disciplinas del derecho.

Descripción de las ramas del derecho en el sistema español

	Contenidos u objeto de estudio
LAS DISCIPLINAS DEL DERECHO PÚBLICO	
Derecho internacional público	Conjunto de normas destinadas a reglamentar las relaciones existentes entre los sujetos internacionales. Antiguamente se pensaba que el derecho internacional sólo debía regir las relaciones de los Estados, pero este pensamiento cambió radicalmente con la aparición en la esfera internacional de las organizaciones internacionales y, más recientemente, de las empresas transnacionales.
Derecho constitucional	Rama del derecho político que comprende las leyes fundamentales del Estado referentes a la forma de gobierno, los derechos y deberes de los individuos y la organización de los poderes públicos.
Derecho administrativo	Conjunto de normas jurídicas que regula la organización y funcionamiento de la Administración pública.
Derecho penal	Conjunto de normas jurídicas que fijan el poder sancionador y coactivo del Estado, a partir de los conceptos de delito, responsabilidad del sujeto y pena.
Derecho jurisdiccional (o procesal)	Rama del derecho que tiene por objeto regular la organización y atribuciones de los tribunales de justicia, y la actuación de las distintas personas que intervienen en los procesos judiciales.

LAS DISCIPLINAS DEL DERECHO PRIVADO	
Derecho internacional privado	Rama del derecho que tiene como finalidad dirimir conflictos de legislación, dirimir conflictos de jurisdicción, dirimir conflictos de nacionalidad y determinar la condición jurídica de los extranjeros.
Derecho civil	Conjunto de normas jurídicas que regulan las relaciones entre personas privadas, tanto naturales como jurídicas.
Derecho mercantil	Conjunto de normas relativas a los comerciantes como tales, a los actos de comercio y a las relaciones jurídicas derivadas de la realización de éstos. También se le puede denominar *derecho comercial*. La mercantilidad de una relación o de un acto encuentra su fundamento en una noción objetiva, que es el acto de comercio. Por lo tanto el derecho mercantil se puede definir como "el conjunto de normas jurídicas que se aplican a los actos de comercio legalmente calificados como tales y comerciantes en el ejercicio de su profesión".
OTRAS DISCIPLINAS DEL DERECHO	
Derecho canónico	El derecho canónico, en Occidente, es el conjunto de normas jurídicas que rigen la organización de las iglesias católica y anglicana. La iglesia ortodoxa emplea un concepto similar. En ambas tradiciones sus orígenes están en los acuerdos de los concilios de la cristiandad (del griego *kanon*, para regla, estándar o medida). El conjunto de acuerdos o cánones forman la base del derecho canónico.
Derecho comparado	Estudio contrastivo de las principales familias de derecho.
Derecho romano	En sentido amplio, es el conjunto de normas jurídicas positivas y consuetudinarias que han regido a Roma y territorios bajo su dominación, desde los tiempos primitivos hasta la muerte del Emperador Justiniano I en el siglo vi de la era cristiana. En sentido restringido, es el contenido de la obra legislativa de Justiniano I, conocida con el nombre de *Corpus Iuris Civilis*.

Filosofía del derecho	La Filosofía del derecho es una rama de la Filosofía, que estudia de los fundamentos filosóficos que rigen la creación y aplicación del derecho.

8. PLAN DE FORMACIÓN CONTINUADA EN DERECHO PARA TRADUCTORES

Diseño de plan de autoaprendizaje

Se trata de un ejercicio de reflexión, por lo que las respuestas de los estudiantes variarán en función de sus necesidades. Se puede emplear el esquema siguiente para dar una orientación a los alumnos a la hora de diseñar sus planes.

Oportunidades de aprendizaje formal
- Universidad: aprender a aprender
- Másters, postgrados
- Conferencias; congresos; seminarios
- Prácticas de trabajo

Oportunidades de aprendizaje informal
- Prácticas no regladas
- El trabajo en grupo
- Aprender de «los que saben»
- Aprender de los colegas

Comunidad virtual Internet
- Seguimiento de temas de actualidad jurídica en lengua de partida y de llegada.
- Participación en foros especializados.
- Lectura de textos conceptuales.

IV INTRODUCCIÓN A LOS GRANDES SISTEMAS DE DERECHO

La traducción jurídica desde la perspectiva del derecho comparado

Objetivos	1. Captar la dimensión sociológica del derecho y su expresión en distintos sistemas y ordenamientos.
	2. Conocer las diferencias fundamentales entre los grandes sistemas jurídicos, y en particular entre el sistema romano-germánico (también conocido como sistema de derecho civil o de derecho continental) y el sistema de *Common Law*.
	3. Conocer los principales organismos y tribunales internacionales, y las funciones que desarrolla cada uno de ellos.
	4. Identificar algunos tipos de documentos que generan los organismos internacionales.
	5. Analizar el concepto de Estado y el de los tres poderes: legislativo, judicial y ejecutivo.
	6. Practicar la investigación conceptual a través de la comparación de las ramas del derecho, la planta judicial y las instituciones públicas en el sistema español y en el angloamericano.
	7. Ser conscientes de las dificultades que plantea la traducción de las diferencias culturales entre ordenamientos jurídicos diferentes.
Contenidos	• La dimensión sociológica del derecho y la perspectiva comparada en el estudio de los sistemas jurídicos.
	• Los sistemas jurídicos continentales y angloamericanos.
	• El derecho internacional y el derecho comparado.
	• Los organismos internacionales.
	• La teoría de los tres poderes. La organización del estado de derecho: organismos, instituciones y cargos propios de cada ordenamiento.
Tareas	1. ¿Un único sistema de derecho?
	2. Las grandes familias de derecho
	3. Sistemas de derecho civil *versus* sistemas de *Common Law*
	4. Interés del derecho comparado y el derecho internacional para el traductor
	5. La traducción y los organismos internacionales
	6. Análisis comparado de los mecanismos de aplicación del derecho en los distintos sistemas
	7. Estudio de un caso

Materiales	Tina and Tony Traveller
	EE.UU.: prohibidas las ejecuciones de menores
	Major Legal Systems and Common Law
	Comparing Civil Law and Common Law
	Comparación de sistemas de derecho
	derecho comparado y derecho internacional
	Organismos internacionales y traducción
	Corte Internacional de Justicia
	Los tres poderes del Estado
	Separation of Powers
	Judge discharges juror for using mobile phone
	Planta y demarcación judicial española
	Esquema del sistema judicial británico
	El caso de los exploradores de las cavernas

1. ¿UN ÚNICO SISTEMA DE DERECHO?

Tina and Tony Traveller: traducción y reflexión

Esta actividad puede iniciarse pidiendo a los estudiantes que realicen las traducciones de forma individual. A continuación se pueden formar grupos para comentar su contenido y responder a las cuestiones que plantean. La conclusión que se puede extraer es que el derecho positivo depende del sistema del país en el que se nazca. Un ejemplo sería la mayoría de edad, que varía en función del ordenamiento jurídico de cada país. Esta distinción es importante, pues a esa mayoría de edad van unidos una serie de derechos y obligaciones. Otro ejemplo sería el del concepto de legítimas del derecho de sucesiones español, que obliga a dejar parte de la herencia a los descendientes, y no existe en el derecho británico. También se podría hablar sobre la obligación de que la mujer lleve el rostro cubierto que imponen ciertos ordenamientos de influencia islámica. Se observa, así cómo el concepto de justicia cambia en función del país, de su cultura, evolución, tradiciones y religión.

Otro tema que se puede abordar a partir de esta actividad es la función del traductor como mediador cultural en entornos judiciales, y la forma en que puedes colaborar en la resolución de conflictos ayudando a las partes a entender no sólo el lenguaje, sino también las costumbres y las diferencias entre sistemas jurídicos.

A partir de aquí, se puede organizar una actividad de grupos y pedir a cada grupo que investigue y aborde el tratamiento que da la ley en distintos países a temas polémicos como la pena de muerte, la situación legal de la mujer, la ley del menor o la normativa sobre drogas, y que expongan sus conclusiones ante el resto de la clase.

La aplicación de la pena capital en EE.UU.

Para realizar esta actividad los estudiantes necesitarán documentarse. Las fuentes más indicadas en este caso son los organismos internacionales como la ONU u ONG como Amnistía Internacional. En sus páginas web podrán encontrar abundante información al respecto. En muchos casos, los documentos se pueden encontrar en inglés y en español. Es un buen momento para empezar a trabajar con textos traducidos y observar las soluciones de traducción, los equivalentes léxicos, la forma de traducir los nombres de los organismos y las instituciones, etc. A continuación recogemos un ejemplo de lo que podría ser el resumen que propone esta actividad.

Cada cinco años, el secretario general de las Naciones Unidas debe redactar un informe sobre la pena capital. Estos informes son una fuente única de información, ya que están basados en datos facilitados por los gobiernos, así como por organizaciones no gubernamentales y otros expertos.

El último informe quinquenal del secretario general, el séptimo de la serie, se ha publicado en marzo de 2005. El informe expone que el número de países abolicionistas siguió aumentando en el periodo cubierto por el estudio (1999-2003). Por otra parte, aunque los cambios para la total abolición fueron más lentos, se registró una reducción en el número de países que aplicaban la pena de muerte de forma habitual. Además, el porcentaje de ejecuciones disminuyó.

Según los datos disponibles, 16 de los 43 países que seguían siendo retencionistas entre 1999 y 2003 ejecutaron a menos de 10 personas durante este periodo, y 11, a menos de 5. Los datos indicaban que sólo 19 países habían llevado a cabo 20 o más ejecuciones judiciales durante este periodo. Únicamente en uno de estos países, Vietnam, parecía el número de ejecuciones haber aumentado de forma notable y regular durante este periodo. El informe incluye cálculos del índice per cápita de ejecuciones en los países en los que, según la información recibida, se llevaron a cabo 20 o más ejecuciones entre 1999 y 2003. Como en periodos anteriores, Singapur tuvo el índice más alto (6,9 ejecuciones por millón de habitantes), seguido de Arabia Saudí (3,66) y Jordania (2,08).

Número de países abolicionistas y retencionistas
- Abolicionistas para todos los delitos: 85
- Abolicionistas sólo para los delitos comunes: 11
- Abolicionistas de hecho: 24
- Total de abolicionistas por ley o de hecho: 120
- Retencionistas: 76

Información obtenida del Informe sobre la pena de muerte de Amnistía Internacional (http://web.amnesty.org).

En la página web de Death Penalty Information Center (http://www.deathpenaltyinfo.org) se puede encontrar un listado actualizado de los países abolicionistas y retencionistas.

Aspectos sociológicos del derecho

1. El derecho no es un concepto universal, inamovible e intemporal, sino que varía dependiendo de factores externos.
2. La filosofía del derecho apunta que son más justos los que están menos marcados por la ideología o la religión.

3. En los que se encuentren más próximos por razones geográficas, históricas y culturales. El derecho español tiene su origen en el derecho romano, al igual que sucede con el resto de países de tradición romanista como Francia, Italia o Alemania.

2. LAS GRANDES FAMILIAS DE DERECHO

Las grandes familias del derecho

Denominación en inglés	Denominación en español
Civil Law also called Romano-Germanic Law	Derecho civil, continental o romano-germánico (se utilizan las tres acepciones como sinónimos)
Common Law also called Anglo-American Law	Derecho de *Common Law*, consuetudinario, o angloamericano (se utilizan las tres acepciones como sinónimos)
Socialist Law	Derecho socialista
Muslim Law	Derecho musulmán
Hindu Law	Derecho hindú
Jewish Law	Derecho judío
Canon Law	Derecho canónico

4. INTERÉS DEL DERECHO COMPARADO Y EL DERECHO INTERNACIONAL PARA EL TRADUCTOR

Ramas del derecho y encargos de traducción

	Derecho comparado	Derecho internacional público	Derecho internacional privado
Traducción comentada de un fragmento de la ley inglesa sobre sociedades «The Company Acts»	X		
Traducción de un expediente de adopción internacional			X
Traducción de la demanda interpuesta por el Estado español en el caso del petrolero Prestige, que naufragó en la costa gallega		X	X
Traducción directiva europea sobre envasado de alimentos		X	
Traducción testamento inglés de un jubilado británico residente en Alicante			X
Traducción Protocolo de Kyoto		X	

5. LA TRADUCCIÓN Y LOS ORGANISMOS INTERNACIONALES

Organismos internacionales

	Objetivo y funciones	N° de países que lo integran	URL	Documentos legales que genera
UE	Unión de países europeos democráticos. Cuenta con cinco instituciones con función específica: • Parlamento Europeo. • Consejo de la Unión Europea (representa a los Gobiernos de los Estados miembros). • Comisión Europea (órgano ejecutivo). • Tribunal de Justicia (garantiza el cumplimiento de la ley). • Tribunal de Cuentas (efectúa el control de la legalidad y regularidad de la gestión del presupuesto de la UE).	25	www.europa.eu.int/abc/index_es.htm	Tratados fundacionales, actos legislativos, informes de actividad, jurisprudencia...
ONU	• Mantener la paz y la seguridad internacionales. • Fomentar entre las naciones relaciones de amistad. • Realizar la cooperación internacional en la solución de problemas internacionales. • Promoción del respeto de los derechos humanos. • Solución a conflictos internacionales.	191	www.un.org	Carta de las Naciones Unidas, Estatuto de la Corte Internacional de Justicia, Declaración Universal de los Derechos Humanos, Convenios internacionales
WB	Banco Mundial • Ayudar a las personas y países más pobres, para ello utiliza sus recursos financieros y personal especializado. • Ofrece financiación y conocimientos especializados. • Financia proyectos sobre educación, SIDA/VIH, programas de salud.	184	www.worldbank.org	Informes sobre desarrollo económico, estudios sobre proyectos
OEA	Organización de los Estados americanos • Reúne a los países del hemisferio occidental para fortalecer la cooperación mutua y defender los intereses comunes. • Protección derechos humanos.	35	www.oas.org	Carta democrática interamericana, informes anuales, documentos oficiales (resoluciones de la

	• Fortalecimiento seguridad. • Promoción del libre comercio. • Lucha contra las drogas ilegales y la corrupción.			Asamblea General y del Consejo Permanente, estatutos y reglamentos, acuerdos de cooperación)
BID	Inter-American Development Bank (Banco Interamericano de Desarrollo) Institución de desarrollo que constituye la principal fuente de financiación multilateral para los programas de préstamos y cooperación técnica para proyectos de desarrollo económico y social en América Latina y el Caribe.	46	www.iadb.org	Proyectos, informes, publicaciones sobre economía
CEPAL /ONU	Comisión económica para América Latina y el Caribe Una de las cinco comisiones regionales de las Naciones Unidas • Contribuir al desarrollo económico de América Latina. • Coordinar acciones para su promoción. • Reforzar relaciones económicas de los países. • Promover desarrollo social.	Países como Argentina, UK, Colombia...), ONU, fundaciones, ONG	www.eclac.cl	Balances de las economías de América Latina y el Caribe, libros institucionales, informes y estudios estadísticos
FAO/ONU	Organización de las Naciones Unidas para la Agricultura y la Alimentación • Conduce las actividades internacionales para erradicar el hambre. • Reúne países para negociar acuerdos y debatir políticas. • Ayuda a los países en desarrollo a modernizar y mejorar sus actividades agrícolas, forestales y pesqueras.	188	www.fao.org	Textos fundamentales de la organización, tratados sobre alimentación y agricultura, estudios jurídicos, base de datos (FAOLEX) sobre legislaciones nacionales y acuerdos internacionales relativos a agricultura y alimentación.
OIT/ONU	Organización Internacional del Trabajo (organismo especializado de las Naciones Unidas) • Fomenta la justicia social y los derechos laborales. • Formula normas internacionales del trabajo que revisten forma de convenios y recomendaciones.	178	www.ilo.org	Bases de datos, estadísticas laborales, legislación del trabajo, normas y principios, y derechos fundamentales en el trabajo.

	• Presta asistencia técnica en formación y rehabilitación profesionales, política de empleo, administración del trabajo, seguridad social.			
UNESCO/ONU	Organización de las Naciones Unidas para la Educación, Ciencia y Cultura • Reducir población que vive en la pobreza. • Lograr educación primaria universal en todos los países. • Eliminar disparidades de género en la educación primaria y secundaria.	191	portal.unesco.org	Convenciones, declaraciones, resoluciones, reglamentos
OPS	Organización Panamericana de la Salud. Organismo internacional de salud pública • Cooperar técnicamente para conservar un desarrollo sostenible en colaboración con los ministerios de salud, organismos gubernamentales e internacionales. • Promueve la estrategia de atención primaria de la salud, lucha contra enfermedades como el cólera, el dengue y la tuberculosis, prevención de enfermedades.	37 Estados miembros, 5 Estados participantes, 1 Miembro asociado, 2 Estados observadores	www.paho.org /default_spa. htm	Documentos de conferencias y reuniones, formularios, informes de investigación, resoluciones, declaraciones

Tribunales internacionales

1. Tribunal de Justicia de las Comunidades Europeas TJCE; Tribunal Europeo de los derechos Humanos; Corte Internacional de derechos Humanos; Tribunal Internacional del derecho del Mar. Tribunales que no resuelven controversias entre Estados y sólo imponen penas individuales (delitos contra el derecho de gentes), como los Tribunales de Nüremberg y Tokio, los tribunales previstos por la Convención de Genocidio de 1948 y la Convención contra el Apartheid de 1973; La Corte Penal Internacional (*International Criminal Court*); Tribunal Penal Internacional para Rwanda.

2. Como ejemplo se podría citar el Tribunal Penal Internacional para la ex Yugoslavia. Fue establecido en 1993 en virtud de la resolución 827 del Consejo de Seguridad de las Naciones Unidas, de 25 de mayo de 1993, para perseguir a las personas responsables de graves violaciones del derecho internacional humanitario cometidas en la ex Yugoslavia desde 1991.

La misión de este Tribunal es:
- Juzgar a los presuntos responsables de violaciones del derecho humanitario internacional.
- Procurar justicia a las víctimas.
- Evitar crímenes futuros.
- Contribuir a la restauración de la paz promoviendo la reconciliación en la ex Yugoslavia.

Así, los delitos que persigue y trata este Tribunal son:
- Graves violaciones a las Convenciones de Ginebra de 1949.
- Violaciones al derecho o costumbre internacionales de guerra.
- Genocidio.
- Crímenes contra la humanidad.

La jurisdicción del Tribunal se limita a los crímenes mencionados que hayan sido cometidos desde 1991 en el territorio de la ex Yugoslavia. Asimismo, su jurisdicción se aplica sólo a personas y no a organizaciones, partidos políticos, entidades administrativas u otras entidades legales.

Está integrado por 16 jueces permanentes y un máximo de nueve jueces *ad litem* a la vez por cámara. Los jueces son elegidos por la Asamblea General y los permanentes cubren un período de cuatro años con posibilidad de reelección. Además cuenta con una cantidad de funcionarios que llegó en septiembre de 2001 a 1.188 personas de 77 países y un presupuesto que en el 2001 alcanzó los 96.443.900. Desde que fue creado, el Tribunal ha juzgado públicamente a 80 personas.

Tomado de http://www.cinu.org.mx/onu/estructura/otros/Tribunales.htm

5. ANÁLISIS COMPARADO DE LOS MECANISMOS DE APLICACIÓN DEL DERECHO EN LOS DISTINTOS SISTEMAS

Comparación de las ramas del derecho angloamericano con las ramas del derecho español

Se puede proponer a los estudiantes que formen grupos y que realicen una exposición de unos 20 minutos. Para tal fin pueden utilizar todo tipo de recursos que hayan encontrado, así como esquemas o resúmenes elaborados por ellos mismos.

 Partiendo de la premisa de que cualquier taxonomía es arbitraria, y de que existen diversas clasificaciones de las ramas del derecho, podríamos afirmar que las ramas del derecho inglés y español coinciden en la mayor parte de casos.

Habría que señalar como peculiaridad del sistema inglés que la rama de *Private Law*, se divide en derecho civil y derecho mercantil. De este modo, *Tort, Property, Succession* y *Family* pertenecerían a la rama de civil. *Contract* y *Company* pertenecerían a la rama de mercantil. Además, *Tort Law* correspondería en España al derecho civil extracontractual, que no existe como tal en el ordenamiento español.

Otra característica distintiva es la importancia relativa que se concede a la división entre derecho público y privado en el sistema angloamericano y en el sistema español. Esta división es mucho más manifiesta en el sistema español. Por lo demás, podríamos proponer la traducción aproximada de las ramas del siguiente modo:

International Law	Derecho internacional
National Law	Derecho nacional. Para referirse a una rama concreta del derecho nacional se cita la rama, por ejemplo «derecho mercantil» y si no se le añade nada, se sobrentiende que se refiere al derecho mercantil propio. En caso contrario, se hablaría de *derecho mercantil internacional*.
Public Law	Derecho público
Private Law	Derecho privado
Constitutional Law	Derecho constitucional
Administrative Law	Derecho administrativo
Criminal Law	Derecho penal
Contract	Derecho de contratos. En España está incluida en las ramas de civil y mercantil según se trate de contratos civiles o mercantiles.
Tort	Derecho de ilícito civil extracontractual, aunque en España no existe una rama con este nombre, sino que se considera parte de la rama de civil.
Property	Derecho inmobiliario
Succession	Derecho de sucesiones
Family	Derecho de familia
Company	Derecho de sociedades

La separación de poderes

Habría que insistir en la idea de que la separación de los poderes ejecutivo, legislativo y judicial es uno de los principios del Estado de derecho. **Poder ejecutivo:** el que tiene a su cargo gobernar el Estado y hacer observar las leyes (Gobierno). **Poder legislativo:** aquel en que reside la potestad de hacer y reformar las leyes (Cortes Generales). **Poder judicial:** interpreta las leyes y vela por su cumplimiento (sistema judicial).

Instituciones que forman el poder ejecutivo, el legislativo y el judicial en España

Poder legislativo español	Las Cortes Generales son un órgano constitucional del Estado español constituido y regulado en el título tercero de la Constitución Española de 1978. La Constitución establece que las Cortes Generales son las representantes del pueblo español y se componen de dos Cámaras: el Senado y el Congreso de los Diputados. Se trata, por tanto, de una configuración bicameral del poder legislativo. En representación del pueblo español ejercen los aspectos esenciales de la soberanía nacional: poseen la potestad legislativa, aprueban los Presupuestos Generales del Estado, controlan la acción del Gobierno y desempeñan el resto de funciones que les atribuye la Constitución.
Poder judicial español	El poder judicial de España es el conjunto de Juzgados y Tribunales, integrado por jueces y magistrados, que tienen la potestad de administrar justicia en nombre del rey. Exclusivamente a dichos Juzgados y Tribunales corresponde el ejercicio de la potestad jurisdiccional, juzgando y haciendo ejecutar lo juzgado. En ejercicio de dicha potestad, los Juzgados y Tribunales conocen y deciden todos los procesos contenciosos de los órdenes civil, penal, contencioso-administrativo, social y militar. El poder judicial es independiente de los demás poderes del Estado. Tanto los órganos jurisdiccionales como los órganos de gobierno del poder judicial ejercen sus funciones con arreglo a los criterios de competencia objetiva, territorial, y funcional. Territorialmente España se organiza en municipios, partidos judiciales, provincias y Comunidades Autónomas. El Consejo General del poder judicial es el órgano de gobierno del mismo y ejerce sus competencias en todo el territorio nacional. Está presidido por el presidente del Tribunal Supremo de España y compuesto por veinte vocales, nombrados por Su Majestad el Rey a propuesta del Senado y del Congreso de los Diputados. Cada Cámara propone a cuatro juristas de reconocida competencia y además selecciona seis jueces o magistrados propuestos en lista triple por los miembros de la carrera judicial, en elecciones internas. El Consejo General del Poder Judicial tiene competencia en la selección y nombramiento de los jueces, en la propuesta al rey de nombramiento de los presidentes y magistrados de todos los tribunales de la nación y en materia administrativa, de inspección y disciplinaria. Con subordinación al Consejo General del Poder Judicial, las Salas de Gobierno del Tribunal Supremo, de la Audiencia Nacional y de los Tribunales Superiores de Justicia ejercen funciones gubernativas y administrativas, tales como la solicitud y reparto de recursos y medios materiales, y el establecimiento de normas de reparto de asuntos, de sustitución y de control de las respectivas oficinas. Los órganos jurisdiccionales españoles son en orden jerárquico: • Tribunal Supremo • Audiencia Nacional • Tribunales Superiores de Justicia (de las respectivas Comunidades Autónomas) • Audiencias Provinciales

	• Juzgados de Primera Instancia e Instrucción • Otros órganos jurisdiccionales profesionales • Órganos jurisdiccionales no profesionales y consuetudinarios El máximo intérprete de la Constitución es el Tribunal Constitucional compuesto por 12 magistrados.
Poder ejecutivo español	El Gobierno dirige la política interior y exterior, la Administración civil y militar y la defensa del Estado. Ejerce la función ejecutiva y la potestad reglamentaria de acuerdo con la Constitución y las leyes. El Gobierno se compone del presidente, de los vicepresidentes, en su caso, de los ministros y de los demás miembros que establezca la ley. El presidente dirige la acción del Gobierno y coordina las funciones de los demás miembros del mismo, sin perjuicio de la competencia y responsabilidad directa de éstos en su gestión. Los miembros del Gobierno no podrán ejercer otras funciones representativas que las propias del mandato parlamentario, ni cualquier otra función pública que no derive de su cargo, ni actividad profesional o mercantil alguna. El presidente es elegido por el Congreso, a propuesta del Rey. El resto de miembros del Gobierno es elegido por el propio presidente, y nombrado por el Rey (acto debido).

Tomado de Wikipedia, enero de 2006

Instituciones que forman el poder ejecutivo, legislativo y judicial en el Reino Unido

Poder legislativo Reino Unido	Parliament is the national legislature of the United Kingdom. It is the ultimate legislative authority in the United Kingdom, according to the doctrine of parliamentary sovereignty. It is bicameral, composed of the elected House of Commons and the unelected House of Lords, whose members are mostly appointed. The House of Commons is the more powerful of the two houses. The House of Commons has 646 members who are directly elected from single-member constituencies based on population. The House of Lords has 724 members (though this number is not fixed), constituted of hereditary peers, life peers, and bishops of the Church of England.
Poder judicial Reino Unido	The United Kingdom does not have a single unified judicial system: England and Wales have one system, Scotland another, and Northern Ireland another. One exception to this rule is the area of immigration law; the Asylum and Immigration Tribunal's jurisdiction covers the whole of the United Kingdom. The Secretary of State for Constitutional Affairs and Lord Chancellor heads the judiciary and sits on the judicial committee of the House of Lords. He also presides over the upper House in its law-making role and, as a senior Cabinet minister, heads the Department of Constitutional Affairs. The Lord Chief Justice of England and Wales is second in rank to the Secretary of State for Constitutional Affairs and Lord Chancellor and has some responsibilities for the organisation and work of the criminal courts. The Attorney General and the Solicitor General are the Government's main legal advisers. They may also represent the Crown in difficult or publicly important domestic and international cases.

| Poder ejecutivo Reino Unido | The United Kingdom, often (inaccurately) referred to simply as 'Britain', is a constitutional monarchy and a unitary state, composed by the political union of four constituent parts: the three constituent countries of England, Scotland, and Wales on the island of Great Britain, and the province of Northern Ireland on the island of Ireland. The UK has several overseas territories, including Gibraltar and the Falkland Islands, and has sovereignty over the Crown dependencies of the Isle of Man and the Channel Islands. The UK has close relationships with the fifteen other Commonwealth Realms, which share the same monarch as head of state.

The United Kingdom is a constitutional monarchy, with executive power exercised on behalf of the Queen by the Prime Minister and other cabinet ministers who head departments. The cabinet, including the Prime Minister, and other ministers collectively make up Her Majesty's Government. These ministers are drawn from and are responsible to Parliament, the legislative body, which is traditionally considered to be «supreme» (that is, able to legislate on any matter and not bound by decisions of its predecessors). The UK is one of the few countries in the world today that does not have a codified constitution, relying instead on customs and separate pieces of constitutional law. While the monarch is Head of State and holds all executive power, it is the Prime Minister who is the head of government. The government is answerable chiefly to the House of Commons and the Prime Minister is drawn from this chamber of Parliament by constitutional convention.

The Prime Minister is also, by tradition, First Lord of the Treasury and Minister for the Civil Service. The Prime Minister's unique position of authority comes from majority support in the House of Commons and the power to appoint and dismiss ministers. By modern convention, the Prime Minister always sits in the Commons.

The Prime Minister's other responsibilities include recommending a number of appointments to the Queen. These include high-ranking members of the Church of England, senior judges and certain civil appointments. He also recommends appointments to several public boards and institutions, as well as to various royal and statutory commissions. |

Tomado de Wikipedia, enero de 2006

Comparación de los profesionales del derecho

Denominación en inglés	Denominación en español	¿Inglés jurídico británico o norteamericano?
Judge	Juez o magistrado (dependiendo del rango del tribunal en que ejerzan)	Ambos
Magistrate	Juez lego (sin formación jurídica), juez de paz	Británico
Barrister	Abogado que tiene derechos de audiencia ante todos los tribunales	Británico
Solicitor	Abogado que sólo tiene derechos de audiencia ante los tribunales inferiores (*Magistrates' Court* y *County Court*)	Británico
Notary Public	Notario (público). *Esta traducción presenta el problema de que los *Notaries* británicos o norteamericanos no tienen la misma formación ni competencias que los notarios españoles. Una alternativa sería traducir el término por *fedatario público*.	Ambos pero con diferencias importantes en cuanto a formación y competencias. El *Notary* británico es un *Solicitor* especializado en temas internacionales. Al *Notary* norteamericano no se le exige ninguna titulación ni formación académica, simplemente paga unas tasas y registra su forma y sus datos en un organismo de la Administración para actuar como fedatario de firmas, compulsar documentos, etc.
Attorney	Abogado, procurador	Norteamericano
Lawyer	Abogado	Ambos
Legal counsel	Asesor jurídico	Ambos
Prosecutor	Fiscal	Ambos
General Attorney	Fiscal General del Estado	Británico
General Attorney	Ministro de justicia	Norteamericano

Comparación del sistema de tribunales

Si se trabaja en grupo, los estudiantes pueden preparar una exposición para presentar en clase sobre el tema propuesto. De forma individual o en grupos pueden investigar de qué asuntos se ocupa cada tribunal, cuáles son las vías de apelación, qué tipo de jueces se pueden encontrar en cada tribunal, etc. Otro tema de debate interesante podría ser el del jurado y su reimplantación en España. Un posible esquema de los tribunales españoles sería el siguiente:

 TRIBUNAL CONSTITUCIONAL (159-165 Constitución española)

TRIBUNAL SUPREMO (5 SALAS)
AUDIENCIA NACIONAL (3 SALAS, CIVIL EXCLUIDO)
TRIBUNAL SUPERIOR DE JUSTICIA (3 SALAS)   (civil y penal juntos)
AUDIENCIA PROVINCIAL (SECCIONES)
JUZGADOS DE PRIMERA INSTANCIA
        JUZGADOS DE LO PENAL
        JUZGADOS DE LO CONTENCIOSO-ADMINISTRATIVO
        JUZGADOS DE LO SOCIAL
        VIGILANCIA PENITENCIARIA
        MENORES

JUZGADOS DE PAZ
        (Tribunales especiales que no dependen del la LOPJ)

                TRIBUNAL DE CUENTAS
                TRIBUNALES MILITARES
                TRIBUNAL DE LAS AGUAS

TRIBUNAL DEL JURADO

Conocer los tribunales a través del cine y la literatura

En esta actividad se analiza la influencia de la terminología americana a través de las películas sobre juicios. Aquí se puede introducir un elemento de humor citando algunos de los calcos y clichés que se detectan en el doblaje de las películas con trasfondo legal, o la influencia que han tenido estas películas en los ciudadanos españoles. Los intérpretes de tribunales comentan que no es raro oír en los juzgados españoles la frase: «Me acojo a la 5° enmienda» cuando un acusado quiere acogerse a su derecho a no declarar.

Otra anécdota curiosa es la traducción de la frase que dice un policía a otro en una película norteamericana: «¿Ya has mirandizado al detenido?» para preguntar si ya le ha leído sus derechos. Seguramente el traductor de esa película no había oído hablar de los *Miranda Rights*.

Es un buen momento, sin duda, para proponer una actividad de aprendizaje informal muy eficaz como es el visionado de películas de trasfondo legal. A los estudiantes de habla materna española les recomendaríamos ver películas inglesas o norteamericanas en versión original con subtítulos. Es una estupenda manera de familiarizarse con el sistema angloamericano de tribunales. En el Anexo 2 de este manual se recogen numerosos títulos de películas relacionadas con el mundo del derecho.

6. ESTUDIO DE UN CASO

Comentarios al caso de los exploradores de cavernas

El debate que propone este ejercicio permite abordar muchos de los conceptos planteados a lo largo de esta unidad y la anterior: las diferencias entre derecho natural y derecho positivo, los aspectos sociológicos del derecho, las ramas del derecho, las diferencias entre ordenamientos jurídicos, las diferentes interpretaciones que un mismo hecho puede tener, las distintas soluciones que darían los jueces si juzgaran el caso en un país o en otro... Por otra parte, pretende desarrollar la capacidad de expresión (oral y escrita) de los estudiantes utilizando términos y conceptos propios de la disciplina del derecho.

La actividad se puede iniciar como una narración presentada por el profesor (o por un estudiante que la haya preparado) en la que una vez finalizada la exposición de los hechos se plantea un dilema moral. Incluso se puede pedir a varios estudiantes que representen el papel de los cincos jueces y utilicen argumentos para defender la postura que plantea cada uno de ellos. Esta estructura resulta muy motivadora para los estudiantes, pues les transporta a una situación ficticia en la que ellos deben actuar como jueces. Tras la narración y planteamiento del dilema, es conveniente dejar un tiempo para que los estudiantes reflexionen de forma individual sobre el caso y completen el cuestionario.

Durante el debate es de esperar que salgan a la luz los temas que hemos apuntado arriba. Como guía para ordenar el debate sobre el cuestionario, recogemos a continuación algunas observaciones sobre las motivaciones de los distintos jueces.

Juez Truepenny-presidente (juez 1)

El presidente del tribunal dejó claro, desde su postura positivista, que sobre todo hay que cumplir con la ley. Declara culpables a los acusados. Hay que respetar la ley para evitar el estímulo a su trasgresión. Sin embargo, opina que el jefe del Poder Ejecutivo debería adoptar alguna forma de clemencia para mitigar los rigores de la ley. De esta forma, se hará justicia sin menoscabar la letra ni el espíritu de la ley y sin ofrecer ningún estímulo a su trasgresión.

Juez Foster (juez 2)

Declara inocentes a los acusados por los siguientes motivos:

- Foster interpreta el caso desde su visión iusnaturalista intentando justificar los hechos, que según él, no pueden juzgarse a partir del derecho positivo, sino del derecho natural, ya que los exploradores se hallaban en estado de naturaleza (la condición hipotética en la que los hombres vivirían si no existiera un poder como el del Estado). El ámbito de la aplicación de la ley cambia de territorial a moral. Se encuentran en un estado de naturaleza en el cual se rigen por un contrato.

- En la caverna la coexistencia humana se convierte en algo imposible, siendo ésta la premisa básica del derecho. No hay coexistencia entre los seres porque su sentido básico cambia por el de la conservación de la vida. Ante tal ausencia la aplicación del derecho no tiene validez.

- De aceptar que las leyes de Commonwealth penetraran la caverna y sus representantes pudieran juzgar a los individuos allí dentro, se consideraría que, a pesar de que estos hombres hubieran cometido un acto que viola el texto literal de las prescripciones de la ley, un hombre puede violar la letra de la ley sin violar su esencia. Es aquí donde el juez intenta remarcar una excepción en la ley basada no en sus palabras, sino en su propósito. Para ello expone como ejemplo el caso de matar en defensa propia y lo considera excusable, ya que el propósito de la legislación criminal es prevenir que se cometan crímenes. Afirma que los acusados de homicidio no actuaron con intencionalidad y, por tanto, castigarles no se ajustaría al propósito de la ley.

- Foster no determina en qué momento comienza el estado de naturaleza y no plantea la distinción entre lo jurídico y lo moral, dejándose guiar por esto último. De esta manera omite como juez-magistrado aplicar el derecho del país.

Juez Tatting (juez 3)

No encuentra justo que se les haya acusado de asesinato. Se declara incompetente para resolver el caso. Critica las proposiciones de Foster por emitir un voto plagado de contradicciones y falacias.

- Cuestiona su capacidad para juzgar el caso si realmente los espeleólogos se encontraban en estado de naturaleza. También critica la falta de coherencia del código que defiende que el contrato es superior al homicidio.

- Afirma que este homicidio exigió un acto intencional. Un hombre que actúa en defensa propia ante una amenaza externa, responde a un impulso de la naturaleza humana no intencional.

- Finalmente se encuentra en un estado de incertidumbre tal en el que le es imposible pronunciarse. Plantea la falta de una ley más apropiada para juzgar a estas personas, como podría ser el castigo al canibalismo. De esta manera se declara incompetente para la resolución del caso.

- Keen y Tatting no tienen en cuenta la diferencia entre estado de naturaleza y sociedad civil. Para ellos sólo existe una sola ley, la que se aplica en la Commonwealth.

- Según Tatting, Keen no tiene en cuenta la posibilidad de castigar el canibalismo, siendo ésta muy apropiada para juzgar a los acusados.

- Según Keen y Tatting, Handy no aplica la ley al pie de la letra, ni atiende a su propósito.

Juez Keen (juez 4)

Los acusados deben ser condenados.

- A pesar de no estar de acuerdo en su totalidad con el contenido de la ley, cree que la solución no es dejar de aplicarla tal cual está escrita, sino modificarla pero que esto no es función del poder judicial al cual pertenece. Demuestra una postura positivista.

- Piensa que el resto de sus colegas fracasaron al no distinguir los aspectos jurídicos de los morales. Se basa en la letra de la ley, interpretándola y aplicándola a pesar de que éstas no concuerden con sus ideas morales. Los declara culpables del homicidio de Roger Whetmore porque hubo intención de matar a una persona.

- Sustenta esta concepción de la ley en la supremacía del poder legislativo y la obligación que tiene el poder judicial de aplicar estrictamente la ley.

- Plantea que lo importante no es el propósito de la ley, sino su alcance y argumenta que Whetmore no dirigió ningún tipo de amenaza, por lo que no se puede equiparar a un caso de defensa propia.

- Keen y Tatting no tienen en cuenta la diferencia entre estado de naturaleza y sociedad civil. Para ellos sólo existe una sola ley la que se aplica en Commonwealth.

- Según Keen y Tatting, Handy no aplica la ley al pie de la letra, ni atiende a su propósito.

Juez Handy (juez 5)

Los acusados son inocentes. La sentencia debe revocarse.

- Es un hombre muy práctico y realista, piensa que siempre hay que tener en cuenta la realidad para resolver cada caso en particular.

- Establece que la ley es una teoría abstracta que da lugar a diferentes interpretaciones. Afirma que las leyes deben aplicarse a las realidades humanas y no a la teoría, y que esto es una cuestión de sabiduría práctica.

- Plantea que el juez deba mantener una postura flexible, esencial para armonizar las relaciones con los sometidos a su autoridad, teniendo en cuenta la opinión publica. Por ello sustenta su argumento sobre la base del sentido común y la opinión publica.

- Critica a Truepenny y a Tatting por querer desentenderse del problema.

- Handy omite considerar el derecho positivo vigente.

- Handy afirma que Foster, Tatting, y Keen no tienen en cuenta la armonía que debe conservarse entre la masa del pueblo y los que dirigen la vida jurídica, política y económica.

FALLO: Ante el empate, se condenó a los acusados.

V
LAS PARTICULARIDADES
DEL TEXTO JURÍDICO INGLÉS

Objetivos	1. Familiarizarse con el registro jurídico inglés. 2. Reflexionar sobre los aspectos lingüísticos y extralingüísticos que marcan los textos jurídicos. 3. Detectar los rasgos lingüísticos (terminología, fraseología, sintaxis especial, carácter estereotipado...) de los textos jurídicos. 4. Reflexionar sobre las dificultades que los elementos culturales suponen para la traducción jurídica. 5. Mejorar la comprensión de textos legales ingleses mediante la adquisición de habilidades de documentación y análisis textual. 6. Identificar las variaciones geográficas que presenta el lenguaje jurídico inglés: inglés jurídico británico, norteamericano, australiano, indio....
Contenidos	• El discurso jurídico. • Los términos jurídicos en contexto. • La sintaxis de los textos jurídicos. • Ejercicios de comprensión del lenguaje jurídico angloamericano.
Tareas	1. El estilo de los textos jurídicos 2. La presencia del latín 3. El significado de los términos jurídicos en contexto 4. Locuciones preposicionales complejas 5. Preposiciones sufijadas 6. La repetición y la anáfora en los textos jurídicos 7. Colocaciones 8. Subordinación múltiple (*embedded clauses*) 9. La tensión entre la búsqueda de precisión y la necesidad de vaguedad
Materiales	*Legal writing style* *Obsession with accuracy can lead to poor legal writing* Características sintácticas del inglés jurídico *Legal Drafting* *Latin Lives in Legal Language* Los distintos niveles del léxico jurídico y la traducción

Materiales (cont.)	Dobletes y tripletes en inglés jurídico
	Ejemplos de locuciones preposicionales complejas en inglés jurídico
	Preposiciones sufijadas del inglés jurídico con su traducción al español
	Indenture
	The quest for precision
Material complementario	La complejidad de los textos jurídicos y sus repercusiones para la traducción

1. EL ESTILO DE LOS TEXTOS JURÍDICOS

Observación y análisis

Esta unidad presenta numerosas actividades para familiarizar al estudiante con las peculiaridades léxicas, sintácticas y textuales del lenguaje inglés. Este ejercicio de reflexión sobre los textos que el alumno ha utilizado en las unidades anteriores puede servir como introducción. A partir de las respuestas de los estudiantes el profesor puede realizar una breve presentación avanzando los aspectos en los que se trabajará en esta unidad.

El lenguaje legal, tanto en inglés como en otros idiomas, es un lenguaje instrumental destinado, en general, a la comunicación entre personas con una misma formación. Los textos legales ingleses son claramente diferenciables de otros tipos de textos, pues presentan un léxico limitado y específico y unas características lingüísticas y textuales únicas en todos los niveles, tal como pretenden poner de manifiesto las actividades que se proponen en esta unidad.

En esta introducción se puede señalar que lo primero que llama la atención al leer un texto legal es su extraordinaria formalidad y convencionalismo, atribuibles al carácter normativo y oficial de los órganos o personas que los emiten. Otro aspecto característico es su impersonalidad, con la que se pretende dar una sensación de objetividad y distanciamiento, y que se logra evitando los pronombres personales, los adjetivos, los adverbios intensificadores (muy, más…), las interjecciones y multiplicando las nominalizaciones que normalmente aparecen posmodificadas. Para evitar la ambigüedad, los juristas utilizan frases largas con subordinadas múltiples con lo que se consiguen textos alambicados de muy escasa puntuación y de lectura farragosa. Con este mismo objetivo, el lenguaje jurídico hace un uso muy limitado de la anáfora (uso de pronombres y adverbios para hacer referencia a algo mencionado con anterioridad), prefiriendo la repetición de frases completas y nombres propios.

Todas estas características tienen como fin último conseguir textos cuyo significado sea preciso, intemporal y aplicable de forma general. Los documentos jurídicos imponen obligaciones y confieren derechos. Sin embargo, la última palabra sobre los derechos y obligaciones que confieren no la tiene la persona que redacta el texto, sino los jueces que lo interpretan. Además, el lenguaje es un instrumento imperfecto para expresar ideas complejas, así que nunca podemos estar seguros al cien por cien de que lo que queremos expresar con un texto jurídico sea lo que finalmente se interprete…

El estilo de los textos jurídicos

1. En las leyes, por ejemplo, la precisión es importante porque no deben dejar abierta la posibilidad de interpretaciones diferentes a la pretendida por el legislador. En los contratos o testamentos, por ejemplo, es importante por las consecuencias que una mala redacción puede tener para las personas a las que vinculan.
2. Cita la ambigüedad de las palabras y la confusión que pueden provocar los pronombres si no se deja claro cuál es su antecedente.
3. Que una herencia se repartiera en dos partes entre una heredera y el resto de herederos (22) considerados como un bloque, o que esa misma herencia se repartiera a partes iguales entre los 23 herederos.
4. a) «*The testator's property should be divided equally in two parts. One part should go to all of our nephews and nieces on my wife's side and the other part should go to my niece.*»
   b) «*The testator's property should be divided equally in 23 parts among all of our 22 nephews and nieces on my wife's side and my niece.*»
5. El uso de términos distintos para referirse a una misma cosa con el fin de evitar la repetición de léxico y conseguir un texto más elegante. NO lo recomienda en absoluto para los textos jurídicos, pues este recurso puede crear confusión y problemas de interpretación. Aconseja referirse siempre por el mismo término a un mismo concepto o cosa.

La ambigüedad sintáctica

Traduce las siguientes frases de forma que expresen dos significados diferentes.

1. **Police squad helped dog bite victim.**
   a) La policía ayudó al perro a morder a la víctima
   b) La policía ayudó a la víctima a la que había mordido un perro

2. **The policeman killed the woman with a gun.**
   a) El policía mató a la mujer con una pistola
   b) El policía mató a la mujer que llevaba una pistola

3. **We saw the accussed walking from the car to Old Bailey.**
   a) Vimos al acusado mientras nos dirigíamos del coche al Tribunal Old Bailey
   b) Vimos al acusado dirigiéndose desde el coche al Tribunal Old Bailey

4. **The police were ordered to stop drinking after midnight.**
   a) La policía recibió órdenes de dejar de consumir alcohol a partir de la medianoche
   b) La policía recibió la orden de que debía prohibir el consumo de alcohol después de la medianoche

5. **Man eating piranha mistakenly sold as house pet.**
   a) Un hombre que comía pirañas vendido como animal de compañía
   b) Una piraña comedora de hombres vendida como animal de compañía

Los intentos de simplificación del lenguaje jurídico

Este texto pone de manifiesto de forma humorística los errores que se cometen al intentar redactar textos demasiado correctos y precisos. Tras debatir su contenido, se puede plantear la tendencia a simplificar el lenguaje jurídico administrativo para acercarlo al ciudadano, observada en las últimas décadas en la Administración y el ámbito judicial en todo el mundo y que ha generado campañas tan importantes como «*Plain English Campaign*», «*Simply Stated*» o «*Fight the fog*» en la UE. Los estudiantes pueden ampliar información sobre las mismas leyendo la bibliografía relacionada que aparece al final de la unidad y leyendo el texto que se recoge a continuación como material adicional, que el profesor puede proporcionar en caso de que lo considere apropiado.

 ## La complejidad de los textos jurídicos y sus repercusiones para la traducción

Todos los estudiosos del tema citan como característica distintiva del lenguaje legal su complejidad. Sin embargo, la complejidad de este lenguaje no proviene sólo de la gramática, sino que es consecuencia de los aspectos pragmáticos que lo contextualizan. Por tanto, su aparente complejidad no puede atribuirse únicamente a factores lingüísticos, sino a la combinación de una estructura conceptual compleja que impone una forma de expresión muy sofisticada. Para demostrar esta hipótesis se han realizado experimentos en los que se evalúa la comprensión de textos jurídicos en su forma original, y después de haber sido reformulados en un estilo más próximo al lenguaje general. Los resultados ponen de manifiesto que la comprensión mejora cuando el texto ha sido reformulado, pero aun así persisten importantes problemas de comprensión que, por tanto, sólo podrían atribuirse al contenido.

Al enfrentarse por primera vez a un texto jurídico, el traductor novel se siente abrumado y perplejo a la vez por el léxico especializado, ampuloso, grandilocuente y oscuro, por sus peculiares estructuras sintácticas y por la complejidad de la retórica legal. Los textos jurídicos muestran unos rasgos tan característicos, un lenguaje tan fosilizado y unas estructuras textuales tan estereotipadas, que en un principio podría parecer que todos los problemas de traducción fueran a reducirse a resolver las dificultades terminológicas o gramaticales. Pero inmediatamente se hace evidente que la verdadera dificultad de este tipo de textos no está sólo en el léxico o la sintaxis, sino en su campo temático, en los conceptos y la disciplina teórica que los contextualiza.

La complejidad del lenguaje jurídico ha hecho germinar en distintas comunidades y en distintas épocas un descontento hacia este tecnolecto, que se ha materializado en iniciativas y programas de simplificación de los lenguajes jurídicos y, muy especialmente, administrativos. Esto supone una distinción social frente a otros tecnolectos, puesto que no oímos hablar de campañas similares para que el lenguaje de la física cuántica sea más inteligible. Tampoco vemos en ningún otro campo de especialidad reglas semejantes al adagio, repetido en varias culturas, de que la ignorancia de la ley no exime de su cumplimiento. Estos procesos de modernización y democratización de los lenguajes jurídicos se han extendido con distintos resultados en las distintas culturas.

La complejidad subyacente a los textos jurídicos tiene consecuencias muy importantes para la traducción jurídica (especialmente en lo que se refiere a los requisitos de formación del traductor jurídico), ya que es imposible traducir bien textos cuyo significado no se ha captado correctamente. El lector lego en la materia tendrá problemas de comprensión de tipo sintáctico (especialmente por el uso de conectores característicos: *subject to, notwithstanding, if and to the extent that*..., pero también de tipo léxico. Para entender el significado de ciertos términos (*liability, liability in contract, tort, breach of statutory duty, terms and conditions, express warranties, warranties as to title and quiet possession, operate*) resulta imprescindible tener unos conocimientos mínimos sobre la disciplina del derecho.

En cuanto a las repercusiones que esta complejidad tiene para el estilo de la traducción, el traductor debe ser consciente de que las situaciones socio-comunicativas en las que se expresa el derecho presentan variaciones significativas a las que se ajusta el lenguaje. Estas variaciones pueden observarse atendiendo a distintos criterios de registro:

- Campo. Los ámbitos de experiencia que pueden incluirse en el discurso jurídico son múltiples. Asimismo, los campos se dividen en áreas distintas, con conceptos propios (derecho del trabajo, derecho marítimo, derecho procesal...).

- Tono o tenor. Este aspecto puede variar entre la formalidad y la informalidad y describe las relaciones sociales entre los participantes del intercambio comunicativo. Se desintegra en tres variables: relaciones de poder, contacto o familiaridad y grado de afectividad. El discurso jurídico se caracteriza típicamente como formal o incluso hiperformal, pero si consideramos las vistas orales o los interrogatorios como discursos pertenecientes al campo jurídico deberemos matizar esa aseveración, ya que el intercambio comunicativo es mucho menos formal.

- Modo. Se trata del papel que cumple el lenguaje en una interacción determinada atendiendo a dos variables: la distancia espacial o interpersonal (grado de interactividad que se establece entre los participantes) y la distancia experiencial (el espacio existente entre el lenguaje y la acción social: el lenguaje como creador y constituyente de la interacción, como la lectura de poesía o gran parte de las interacciones del campo jurídico, o el lenguaje como acompañante de la acción, como una conversación fática).

Estos criterios nos dirán el grado de sencillez al que puede ajustarse el traductor y el grado de tecnicismo que resulta necesario para garantizar el éxito de la comunicación. Por supuesto, esto vendrá determinado por el encargo que tengamos entre manos.

2. LA PRESENCIA DEL LATÍN

Palabras y expresiones en inglés I:

Latín	Inglés	Traducción al español
Alibi	Elsewhere	Coartada
Animus	Intention	Intención
Cintilla	Slightest	Principio de prueba
Culpa	Fault	Pena
Cum testamento anexo	With the will annexed	Con el testamento adjunto
Mens rea	Guilty mind	Dolo, intención criminal
Modicum	A small...	Pequeño, módico
Modus operandi	Method of operation	Forma de actuar
Pactum	Agreement	Acuerdo
Per diem	By the day	Al día
Quantum meruit	As much as he deserves	Lo que merezca
Quasi	As if	Casi
Quo warranto	By what authority	Con qué autoridad
Scienter	Knowledge	Con conocimiento de causa, a sabiendas
Scilicet	To wit	Es decir
Scripta	Written	Escrito
Semper paratus	Always prepared	Siempre listo
Sotto voce	In an undertone	En voz baja
Sua sponte	On its own motion	Por voluntad propia
Terra	Land	Tierra
Ultra	Beyond	Más allá

Palabras y expresiones en inglés II:

Latín	Inglés	Traducción al español
Antenuptial	Before a marriage	Prenupcial
Arguendo	For the sake of the argument	Suponiendo, pongamos por caso
Bipartite	In two parts	Bipartito, dividido en dos
De novo	Over again	De nuevo
Duces tecum	Bring with you	Traer consigo, aportar
Gravamen	The gist	Motivo de la demanda o declaración judicial
Imprimatur	Sanction	Aprobación, permiso o licencia (procede de la declaración que hacía la Iglesia Católica autorizando la impresión y lectura de un libro)
In absentia	In absence	Ausente
In causa mortis	At the point of death	En el momento de morir
In corporeal	Intangible	Intangible
In limine	Preliminary	Preliminar
In loco parentis	In the place of a parent	Hacer algo en representación de uno de los padres
In rem	Aginst the thing	Demanda sobre derechos de propiedad (*Action in rem*)
In toto	Wholly	Todo
Inter Vivos	Between living persons	Entre vivos
Ipso facto	By the fact itself	En el acto
Mea culpa	I did it	Es culpa mía

Completa la tabla indicando si la respuesta es A o B

	¿A o B?	A	B
A fortiori	B	By the stronger reason	By his good fortune
Ad hoc	B	Left in pawn	For this special purpose
Ad infinitum	B	The greatest good	Without limit
Ad litem	A	Pending the suit	In the light of the day
Corpus	A	The body	The excess
De novo	A	Fictitious	Anew
Duces tecum	A	Proceed with caution	Bring with you
In medias res	B	In place of the judge	Into the middle of the matter
Lex loci	B	Law of the place	Law of the time
Mala in se	A	Conviction on bad evidence	Acts which are morally wrong
Obiter dictum	B	Said previously	Said in passing
Sus fortuitus	B	Unforeseen occurrence	Anticipated occurrence

Latin Lives in Legal Language: Propuesta de traducción

El latín sigue presente en el lenguaje jurídico

Un juez del Tribunal Superior de Justicia ha propuesto prohibir el uso de términos latinos en la legislación americana, afirmando que el ciudadano medio debería poder entender las leyes y las sentencias de los tribunales.

A esta propuesta ha respondido un próspero abogado señalando que es normal que un juez piense así, porque no factura directamente. «A los clientes no les hace ninguna gracia pagar honorarios elevados por documentos legales que pueden entender, pero si los llenamos de jerga legal y términos incomprensibles, tienen la sensación de que vale la pena pagar por ellos.»

Los abogados no son los únicos que necesitan el apoyo del latín. Otro letrado defensor del uso del latín bromeaba: «Si lo que desea el juez es que el público en general entienda las resoluciones judiciales, quizás debería pensarlo mejor. He visto como los jueces desestimaban casos ante el tribunal siguiendo principios legales latinos como *minimum non cura lex*. Si el ciudadano de a pie supiera que esta expresión quiere decir que su caso es demasiado insignificante para que la ley lo tenga en cuenta, muchos jueces se quedarían sin empleo.»

Los abogados quieren mantener el latín porque hace que el derecho parezca una ciencia misteriosa y sus profesionales, unos científicos eruditos con derecho a elevados honorarios.

De hecho, la eliminación de términos latinos es virtualmente imposible, dado que se trata de un sistema basado en la jurisprudencia establecida en sentencias previas o *stare decisis*, como nos gusta denominarlo. Los juristas de los países de tradición romanista nos acusan de mirar hacia el pasado en lugar de pensar en el futuro. En cualquier caso, los antiguos términos latinos perduran y se repiten porque han funcionado bien en el pasado. En una sociedad cambiante y en expansión como es la nuestra, los usos tradicionales funcionan como prueba de la estabilidad del derecho en medio de tanto cambio.

Un rápido repaso a los términos legales más comunes nos demuestra que no todo el latín está velado de misterio y oscuridad. *Affidavit, alibi, alias y bona fide* son palabras inglesas bastante habituales, incluso de uso cotidiano. *Prima facie, versus* y *habeas corpus* también son vocablos aceptados en la lengua inglesa. No estoy seguro de que podamos encontrar un término mejor para sustituir el latín *habeas corpus*. Charles Dickens lo llegó a traducir en una ocasión por «aquí tiene usted el cuerpo».

El latín nunca desaparecerá del lenguaje jurídico porque éste tiene unas necesidades específicas de precisión y certeza que el lenguaje habitual no ofrece. Se trata de una crítica equívoca temer que el lenguaje jurídico esté perdiendo contacto con el lenguaje habitual, dado que el lenguaje cotidiano cambia demasiado rápido como para conferir a los textos jurídicos la precisión y certeza que requiere el Derecho. Los términos latinos han superado la prueba del tiempo y satisfacen plenamente esas necesidades.

Busca una expresión latina para las siguientes expresiones inglesas

Expresión inglesa	Expresión latina
1. In good faith	Bona fide
2. Among other things	Inter alia
3. The buyer is responsible for checking a purchase	Caveat emptor
4. Things which are said in passing	Obiter dicta
5. What for what or something for something	Quid pro quo
6. Sane	Compos mentis
7. A plea indicating the defendant will not contest a criminal charge	Nolo contendere
8. Beyond legal authority	Ultra vires
9. Between living people	Inter vivos

Expresión inglesa	Expresión latina
10. A legal remedy against wrongful imprisonment	Habeas corpus
11. In fact	De facto
12. Court orders that are provisional	Interlocutory
13. To be informed of	Certiorari
14. As things seem at first	Prima facie

3. EL SIGNIFICADO DE LOS TÉRMINOS JURÍDICOS EN CONTEXTO

Términos que adquieren un significado especial en el contexto jurídico

Término	Significado general	Significado especializado
Action	Acción	Proceso judicial
Construe	Construir	Interpretar el significado y efectos de una norma o documento
Demise	Fallecimiento	Fallecimiento Cesión temporal de derechos sobre un inmueble
Executed	Ejecutado, desempeñado	Otorgado, formalizado (refiriéndose a un documento legal)
Hand	Mano	Firma
Instrument	Instrumento	Documento legal
Serve	Servir, entregar	Notificar algo a alguien
Specialty	Especialidad	Contrato formal

Contexto general

1. El hotel sólo ofrece alojamiento y desayuno.
2. El abogado se puso en pie y se dirigió al jurado.
3. La carta fue enviada por correo urgente.
4. La policía halló nuevas pruebas.
5. Me temo que únicamente tenemos café en polvo.
6. Los padres se sintieron muy aliviados cuando su hija regresó a casa.
7. Empuñaba el cuchillo con la mano izquierda.
8. Los pantalones están perfectos, pero la chaqueta no le queda bien.

Contexto legal

1. Habrá que abordar el problema de los importantes retrasos (que se están produciendo).
   addressed
2. La Cámara de los Lores declaró culpable al acusado.
   held
3. Los jueces del Magistrates' Court consideraron que debían condenar a prisión al acusado.
   fit
4. La Cámara de los Lores falló que la jurisprudencia citada no se podía aplicar en el presente caso.
   instant
5. La ley obliga a llevar puestos los cinturones de seguridad.
   provides
6. El prisionero dio instrucciones claras a su abogado.
   express
7. El juez (o magistrado) se negó a conceder al demandante sus pretensiones.
   relief

Términos sinónimos, antónimos y complementarios

Todo signo lingüístico tiene dos caras: el significante o parte material del signo y el significado o imagen mental que sugiere el significante. Además hay que tener en cuenta un tercer elemento: el referente o elemento real, existente, al que se refieren tanto significado como significante. No es lo mismo la palabra que designa un referente que el referente mismo. La semántica estudia las diferentes relaciones que contrae un signo con todos los demás, pues todo el léxico constituye un sistema, cuya estructuración facilita a los hablantes la adquisición de ese léxico. Vamos a ver alguna de estas relaciones.

Dos o más palabras son sinónimas si tienen el mismo significado. Es decir, la sinonimia consiste en la igualdad de significado, cuando existen diferentes significantes. Distinguimos diversas formas en que puede presentarse la sinonimia: sinonimia conceptual, cuando los significados denotativos son plenamente coincidentes (listo = inteligente); sinonimia connotativa, por ejemplo: listo = zorro; y sinonimia contextual, que se da en determinados contextos y sería impensable en otros (listo = preparado, en contextos como ¿Estás listo?). Pero dentro del campo semántico de un término existen otras relaciones además de la sinonimia, como pueden ser las relaciones de oposición que podemos clasificar en: complementariedad, antonimia y reciprocidad. Se entiende por antonimia, en un sentido general, el hecho de que dos palabras tengan dos significados contrarios. Sin embargo, no siempre se trata de la misma relación. Así distinguimos tres tipos de oposiciones distintas.

- Complementariedad. La negación de uno de los elementos supone la afirmación del otro (cruento/incruento).

- Antonimia. Entre los dos términos propuestos se extiende una gradación (caliente/frío).

- Reciprocidad. Un término implica al otro (entrega/recepción).

Frase	Significado especializado
1. Advantages granted directly or indirectly through State.	Complementariedad
2. For the purpose of importing and exporting electricity,	Reciprocidad
3. And independently, with or without a view to profit, on	Complementariedad
4. It must show clearly and unequivocally the	Sinonimia
5. National measures restricting or prohibiting certain selling arrangements	Antonimia
6. On matters which are manifestly irrelevant or insignificant or plainly of secondary importance	Antonimia
7. Producers from buying and selling freely within the State in which they are	Complementariedad
8. State manifestly, seriously and gravely infringes	Sinonimia
9. They shall be managed and administered on an essentially voluntary basis by	Sinonimia
10. This week and the weeks immediately preceding and following	Complementariedad

Búsqueda en diccionarios de dobletes

Dobletes	Explicación del significado	Traducción en un solo término (si es posible)
Accord and satisfaction	An agreement to accept less than is legally due in order to wrap up the matter. Once the accord and satisfaction is made and the amount paid (even though it is less than owed) the debt is wiped out since the new agreement (accord) and payment (the satisfaction) replaces the original obligation. It is often used by creditors as «a bird in the hand is worth two in the bush» practicality.	(Frase hecha). Acto de conciliación, arreglo de una disputa, oferta y aceptación de modificación.
Act and deed	**Act:** noun [C] LEGAL a law or formal decision made by a parliament or other group of elected law-makers:	(Frase hecha). Fórmula de conclusión que se utiliza en la firma de documentos para enfatizar que el que firma lo hace

	Deed: noun [C] LEGAL a legal document which is an official record of an agreement or official proof of ownership of land or of a building. **Act and deed:** Acknowledgment conclusion formula: «... signed, sealed and delivered this document as his act and deed»	de forma voluntaria y personal.
Agree and covenant	**Agree:** (I or T) to have the same opinion, or to accept a suggestion or idea. **Covenant:** [OF. covenant, fr. F. ⅋ OF. convenir to agree, L. convenire. See Convene.]	(Redundancia léxica). Acordar
Aid and abet	**Aid:** To support, either by furnishing strength or means in co[«o]peration to effect a purpose, or to prevent or to remove evil; to help; to assist. **Abet:** 3. (Law) To contribute, as an assistant or instigator, to the commission of an offense.	(Redundancia léxica). Cooperar o colaborar en la comisión de un delito
All and singular	**All:** quantifier; used with either mass or count nouns to indicate the whole number or amount of or every one of a class. **Singular:** 4. (Law) Each; individual; as, to convey several parcels of land, all and singular.	(Redundancia léxica. Frase hecha similar a *each and every* para reforzar el sentido de totalidad). Todos
All and sundry	**All:** quantifier; used with either mass or count nouns to indicate the whole number or amount of or every one of a class. **Sundry:** 1. Several; divers; more than one or two; various.	(Redundancia léxica. Frase hecha similar a *each and every* para reforzar el sentido de totalidad). Todos
Amount or quantum	**Amount:** (noun) a collection or mass especially of something which cannot be counted (Cambridge Dictionary). **Quantum:** A favourite word of lawyers and judges, means «amount, share, portion» (Garner).	(Redundancia léxica). Cantidad, monto

Annulled and set aside	**Annulled:** 2. To make void or of no effect; to nullify; to abolish; to do away with; -- used appropriately of laws, decrees, edicts, decisions of courts, or other established rules, permanent usages, and the like, which are made void by component authority. **Set aside:** (Law), to annul or defeat the effect or operation of, by a subsequent decision of the same or of a superior tribunal; to declare of no authority; as, to set aside a verdict or a judgment.	(Redundancia léxica). Anular, invalidar, revocar, rescindir.
Due and payable	Frase hecha para referirse a cantidades adeudadas.	(Redundancia léxica). Pagadero, exigible, vencido
Null and void	This doublet is old in the law, is readily understandable to laymen, and is at worst a *cliché* (Garner, 1985).	(Redundancia léxica). Nulo
Will and testament	En el pasado estos dos términos tenían un sentido distinto: *will* se refería a bienes inmuebles y *testament* a bienes muebles. Hoy en día se ha perdido este matiz y sólo se conserva el doblete por cuestiones de estilo.	(Redundancia léxica). Testamento

Búsqueda en diccionarios de tripletes

Tripletes	Explicación del significado	Traducción en un solo término (si es posible)
Cancel, annul, and set aside	**Cancel:** 4. To annul or destroy; to revoke or recall. **Annulled:** 2. To make void or of no effect; to nullify; to abolish; to do away with; -- used appropriately of laws, decrees, edicts, decisions of courts, or other established rules, permanent usages, and the like, which are made void by component authority. **Set aside:** (Law), to annul or defeat the effect or operation of, by a subsequent decision of the same or of a superior tribunal; to declare of no authority; as, to set aside a verdict or a judgment.	(Redundancia léxica). Invalidar
Form, manner, and method	**Form:** 3. Established method of expression or practice; fixed way of proceeding; conventional or stated scheme; formula; as, a form of prayer. **Manner:** 1. Mode of action; way of performing or effecting anything; method; style; form; fashion. **Method:** Usage: method, mode, manner. method implies arrangement; mode, mere action or existence. Method is a way of reaching a given end by a series of acts which tend to secure it; mode relates to a single action, or to the form which a series of acts, viewed as a whole, exhibits. Manner is literally the handling of a thing, and has a wider sense, embracing both method and mode. An instructor may adopt a good method of teaching to write; the scholar may acquire a bad mode of holding his pen; the manner in which he is corrected will greatly affect his success or failure.	(Redundancia léxica, aunque en la definición de *method* se plantean ciertos matices que podrían quedar englobados en un solo término en español). Manera, forma.

General, vague and indefinite	**General:** 1. Relating to a genus or kind; pertaining to a whole class or order; as, a general law of animal or vegetable economy. **Vague:** 2. Unsettled; unfixed; undetermined; indefinite; ambiguous; as, a vague idea; a vague proposition. **Indefinite:** 1. Not definite; not limited, defined, or specified; not explicit; not determined or fixed upon; not precise; uncertain; vague; confused; obscure; as, an indefinite time, plan, etc.	(Redundancia léxica). Indefinido
Give, devise, and bequeath	**Give:** 2. To yield possesion of; to deliver over, as property, in exchange for something; to pay; as, we give the value of what we buy. **Devise:** 1. The act of giving or disposing of real estate by will; -- sometimes improperly applied to a bequest of personal estate. **Bequeath:** 1. To give or leave by will; to give by testament; -- said especially of personal property. En el pasado estos términos tenían un sentido distinto: *devise* se refería a bienes inmuebles y *bequeath* a bienes muebles, y *give* incluía a ambos tipos. Hoy en día se ha perdido este matiz y sólo se conserva el triplete por cuestiones de estilo.	(Redundancia léxica). Legar
Hold, possess, and enjoy	**Hold:** 3. To have; to possess; to be in possession of; to occupy; to derive title to; as, to hold office. **Possess:** 1. To occupy in person; to hold or actually have in one's own keeping; to have and to hold. **Enjoy:** 2. To have, possess, and use with satisfaction; to occupy or have the benefit of, as a good or profitable thing, or as something desirable; as, to enjoy a free constitution and religious liberty.	Ser titular de un bien, poseerlo y utilizarlo o disfrutar de su uso.

Ready, willing and able	**Able:** to have the necessary physical strength, mental power, skill, time, money or opportunity to do something. **Willing:** describes someone who does their work energetically and enthusiastically. **Ready:** prepared and suitable for immediate activity.	Frase hecha que se utiliza para indicar que alguien está capacitado para ejecutar un acto jurídico y lo hace de forma voluntaria.
Rest, residue and remainder	**Residue:** the part that is left after the main part has gone or been taken away, or a substance that remains after a chemical process such as evaporation. **Rest:** other things, people or parts that remain. **Remains:** the part of something that is left after the other parts have gone, been used, or been taken away.	(Redundancia léxica). Remanente

4. LOCUCIONES PREPOSICIONALES COMPLEJAS

Simplificación de grupos preposicionales

Grupo preposicional	Contexto	Preposición simple
for the purpose of	The formal ceremonies provided by statute for the celebration of marriages were solely **for the purpose of** providing a convenient and certain proof of marriage.	For
in respect of	Member States shall ensure that patent claims granted **in respect of** computer-implemented inventions include only the technical contribution which justifies the patent claim.	For
in accordance with	If any one of his children be dead, the heirs of such child shall inherit his share **in accordance with** the rules herein prescribed in the same manner as though such child had outlived his parents.	According to
in pursuance of	The Environmental Management Group (EMG) was established by the Secretary-General of the United Nations for the purpose of enhancing inter-agency coordination in the field of environment and human settlements, **in pursuance of** General Assembly resolution 53/242 of 28 July 1999, which was further endorsed by the General Assembly in its resolution 54/217 of 22 December 1999.	Pursuant
by virtue of	Persons who **by virtue of** testament or by law succeed to all or part of an estate...	By
	Notice of such proceedings shall be given as in ordinary actions, and anything done under or **by virtue of** the order of the court, shall be valid.	By

Uso de grupos preposicionales complejos

- As the Court has held, in order to establish whether a provision of Community law complies with the principle of proportionality, it must be ascertained whether the means which it employs are suitable **for the purpose of** achieving the desired objective and whether they do not go beyond what is necessary to achieve it.

- Such powers are all the more justified when they are to be exercised **in accordance with** a procedure which allows the Council to reserve its right to intervene.

- The 1988 Recommendation concerning Cattle (hereinafter 'the Recommendation') was adopted by the Standing Committee on 21 October 1988 and, **by virtue of** Article 1(1) thereof, applies to all cattle kept for farming purposes.

- The Spanish Government contends, finally, that Article 2(1)(i) of the 1984 Law does not in itself create any exclusive right **in respect of** international trade but merely gives Redesa an opportunity to engage in such trade where, and only where, the public-interest requirements expressly indicated in that provision are satisfied.

5. PREPOSICIONES SUFIJADAS

Traducción de preposiciones sufijadas

Hereto	Now it is hereby agreed by and between the parties hereto as follows: **Traducción:** Por la presente las partes acuerdan cuanto sigue...
Hereby	The Vendor doth hereby agree to transfer unto the Purchaser... **Traducción:** Por el presente el vendedor acepta transmitir al comprador...
Herein	Products and companies referred to herein are trademarks or registered trademarks of their respective companies and/or mark holders. **Traducción:** Los productos y sociedades a los que se refiere el presente documento son marcas registradas de sus respectivas sociedades o de los titulares de dichas marcas.
Hereinafter	The Member States of the ATA Organization hereinafter referred to as the Member States... **Traducción:** Los Estados Miembros de la Organización AT (en adelante, los Estados Miembros)...
Thereto	An Agreement and a Protocol thereto between the Government of the Republic of South Africa and the Government of New Zealand for... **Traducción:** Un convenio y un protocolo anexo al mismo otorgados por el Gobierno de la República de Sudáfrica y el Gobierno de Nueva Zelanda para...
Hereunder	No rule hereunder shall be construed to repeal a former rule... **Traducción:** Ninguna de las normas que establece el presente documento podrá ser interpretada de forma que anule una norma anterior...

Hereunder	Explanations are provided hereunder on the description requirements of specification and actions of applicants... **Traducción:** A continuación se detallan los requisitos en cuanto a descripción de las especificaciones técnicas y los trámites que deben realizar los solicitantes...
Hereunder	Any application to the court hereunder shall be made and heard in the manner provided by law... **Traducción:** Cualquier petición que deba realizarse ante el tribunal con relación a este asunto se presentará y tramitará según lo dispuesto en la legislación...

Definición de preposiciones sufijadas

 here-

hereafter	in the future- from the production of this document on
hereby	following this document
herein	appearing somewhere in this document
hereinafter	listed later in this document
hereof	resulting from this document
hereto	relating to this document
heretofore	previous to the production of this document
hereunder	mentioned in this same section of this document
herewith	accompanying this document

There-

thereafter	from the production of that document until now
therefore	for that reason or purpose
therein	appearing womewhere in that document
thereby	following that document
thereinafter	listed later in that document
thereinunder	mentioned in that section of that document
thereinbefore	mentioned previously in that document
thereof	resulting from that document or section
thereto	relating to that document
theretofore	in the time before that document was approved
therewith	accompanying that document

6. LA REPETICIÓN (ANÁFORA) EN LOS TEXTOS JURÍDICOS

Lee el siguiente documento y subraya

En general, para referirse a las partes del contrato, el texto utiliza la repetición de los nombres propios, ya que son diferentes personas las que aparecen en este texto en diversas ocasiones. Sin embargo, cuando no hay lugar a la confusión, utiliza la sustitución del nombre por el pronombre personal «he», como al comienzo de los tres últimos párrafos.

Para marcar los conceptos que se repiten los hemos marcado en gris en el texto y hemos añadido un número detrás de cada uno de ellos para que puedas observar los antecedentes y las repeticiones. Te sugerimos que marques los subrayados de cada número en un color distinto para que veas cómo se desarrolla el texto.

 Indenture
This Indenture made the ninth day of May 1987 between Sir Percival Fireater of 7 Savill Road, London, of the one part and Lord Benedict Stonebreaker of Greengardens Manor, Middlechurch, Sussex, of the other part WITNESSETH that in consideration of the sum of one thousand pounds (1) now paid to Sir Percival Fireater (2) by Lord Benedict Stonebreaker (3) (the receipt of which the said Sir Percival Fireater (2) hereby acknowledges he the said Sir Percival Fireater (2) doth hereby assign unto the said Lord Benedict Stonebreaker (3) his executors administrators and assigns all and singular the several chattels and things (4) specifically described in the schedule hereto annexed by way of security for the payment of the sum of £ one thousand (1) and interest thereon

at the rate of seven percent per annum and <u>the said Sir Percival Fireater </u>(2) doth further agree and declare that he will duly pay to <u>the said Lord Benedict Stonebreaker</u> (3) the principal sum <u>aforesaid</u> (1) together with the interest then due by equal yearly payments of £ one hundred on the ninth day of May of each year. And<u> the said Sir Percival Fireater</u> (2) doth also agree with <u>the said Lord Benedict Stonebreaker</u> (3) that during the continuance of this security,

1. He will at all times pay <u>the rent rates and taxes of the messuage or premises</u> (5) wherein <u>the said chattels and things</u> (4) shall be and will keep <u>the same</u> (4) from being distrained for rent or taxes levied on or taken under any execution at law and will at all times on demand produce to <u>the said Lord Benedict Stonebreaker</u> (3) or his authorised agents the receipts for <u>such</u> (5) rent rates and taxes.

2. He will at all times keep <u>the said chattels and things</u> (4) insured against loss or damage by fire in some insurance office to be approved of by <u>the said Lord Benedict Stonebreaker</u> (3) in the name of <u>the said Lord Benedict Stonebreaker</u> (3) in the sum of £ one thousand one hundred and will punctually pay all premiums and sums of money necessary for such purpose and will within seven days after any <u>premium</u> (6) in respect of such insurance shall become due deliver the receipt for <u>the same</u> (6) to <u>the said Lord Benedict Stonebreaker</u> (3) and that in default thereof ('de esta circunstancia') it shall be lawful for <u>the said Lord Benedict Stonebreaker</u> (3) to keep on foot or effect such insurance and charge the costs thereof with interest at the rate of eight per cent per annum to <u>the said Sir Percival Fireater</u> (2) and the same shall be considered to be included in this security.

3. He will not at any time remove <u>the said</u> (4) chattels and things or any of them from the premises where they now are or to which (with the consent of <u>the said Lord Benedict Stonebreaker</u>) (3) they may hereafter be removed without consent on writing of <u>the said Lord Benedict Stonebreaker</u> (3).

Identure

Aunque el nivel de este texto excede claramente el de un curso introductorio, proponemos aquí una traducción del mismo para ayudar al alumno a entender mejor el mecanismo de repetición léxica, identificar los antecedentes y ver en contexto cómo funcionan las preposiciones sufijadas que hemos estudiado en las actividades anteriores. La traducción propuesta podría simplificarse mucho más, pero hemos preferido mantener el estilo recargado y repetitivo del original para que los alumnos identifiquen mejor los términos que han subrayado en el ejercicio anterior.

Una propuesta de traducción...

CONTRATO

Por el presente contrato celebrado el nueve de mayo de 1987 entre Sir Percival Fireater, con domicilio en 7 Savill Road (Londres), de una parte y Lord Benedict Stonebreaker, con domicilio en Greengardens Manor (Middlechurch, Sussex) de la otra, las partes acuerdan que como contraprestación por la cantidad de mil libras que Lord Benedict Stonebreaker da en préstamo a

Sir Percival Fireater (cuya recepción reconoce en este acto Sir Percival Fireater), el deudor, Sir Percival Fireater, por el presente documento cede al mencionado Lord Benedict Stonebreaker, a sus albaceas, administradores y cesionarios, todos y cada uno de los bienes que aparecen descritos en el anexo que se adjunta a este documento, como garantía del pago de la suma de mil libras y de los intereses que pudiera devengar al tipo anual del siete por ciento. Además, el mencionado Sir Percival Fireater se compromete a pagar a Lord Benedict Stonebreaker, en los términos convenidos, la cantidad principal antes mencionada a razón de cien libras anuales, más los intereses correspondientes, pagaderas el día nueve de mayo de cada año. Las partes también acuerdan que, durante su periodo de vigencia, este contrato se regirá por los siguientes pactos:

1. Lord Benedict Stonebreaker se hará cargo de todos los gastos de alquiler y tributos con que se hallen gravados la finca o los locales donde se encuentren los bienes muebles y enseres antes citados y evitará el embargo de los mismos por impago de dichas cantidades o por cualquier otra acción judicial. Además, se obliga a presentar a Lord Benedict Stonebreaker o a sus representantes autorizados los recibos correspondientes a dichos pagos siempre que le sean requeridos.

2. Mantendrá asegurados dichos bienes y objetos contra pérdidas y daños por incendio en una compañía aseguradora que cuente con la aprobación de Lord Benedict Stonebreaker, debiendo figurar como titular del seguro Lord Benedict Stonebreaker y debiendo ser la cantidad asegurada de mil cien libras. Además, se compromete a pagar puntualmente todas las primas y cantidades que genere este seguro y a presentar el recibo del pago de cada prima a Lord Benedict Stonebreaker, en un plazo de siete días a partir de su vencimiento. En caso de incumplimiento, Lord Benedict Stonebreaker podrá mantener vigente dicho seguro y cargar los costes del mismo (con los intereses correspondientes a razón del ocho por ciento anual) a Sir Percival Fireater entendiéndose que dicha cantidad queda también cubierta por esta garantía.

3. Sir Percival Fireater no podrá, en ningún caso, trasladar los bienes u objetos a que se refiere el presente contrato del lugar donde se encuentran en la actualidad o del lugar donde hubieran podido ser trasladados (con la autorización de Lord Benedict Stonebreaker) sin el consentimiento por escrito de Lord Benedict Stonebreaker.

7. COLOCACIONES

Verbos + sustantivos

a. to try **an offence**
b. to hear **the evidence**
c. to reach **a verdict**
d. to pass **sentence**
e. to impose **a fine**
f. to conduct **an enquiry**
g. to assess **the facts**

Verbos + sustantivos

a. To bring **action**
b. To instigate **the prosecution**
c. To institute **proceedings**
d. To give **evidence**
e. To conduct **a prosecution**
f. To prefer **charges**
g. To remedy **a wrong**
h. To punish **a criminal**
i. To commit **an offence**

Completa

1. The indictment alleged **unlawful wounding**
2. The accused applied to **the House of Lords**
3. The case arose **out of a traffic offence**
4. The indictment charged **aiding and abetting an illegal act**
5. The indictment contained **four counts**
6. The jury deliberated **the verdict**
7. The senior judge delivered **a sentence of imprisonment**
8. The appeal failed **from misdirection of the judge**
9. The judge imposed **a fine**
10. The plaintiff lodged **a claim**

Completa

1. The accused pleaded **not proven**
2. The plaintiff raised **an issue**
3. The defendant raised **a defence of accident**
4. The jury retired **to deliberate**
5. The jury returned **a verdict**
6. The accused served **a prison sentence**
7. The plaintiff sought **reparation**
8. The pursuer sued **for damages**
9. The jury took **oath**
10. The judge used **discretion**

8. SUBORDINACIÓN MÚLTIPLE (EMBEDDED CLAUSES)

Redacta esta frase de forma simplificada

Your duty is to determine whether the defendant is guilty of the offense charged. You must do this by applying the law contained in these instructions to the evidence submitted for your consideration.

9. LA TENSIÓN ENTRE LA BÚSQUEDA DE PRECISIÓN Y LA NECESIDAD DE VAGUEDAD

La búsqueda de precisión

Según el principio de **Ejusdem generis** (de la misma naturaleza), los términos genéricos que aparecen tras términos específicos se deben interpretar como referidos a las personas o cosas de la misma clase mencionada. Por ejemplo en la secuencia «*house, office, room or other place...*» el término genérico *place* no puede entenderse como referido a un lugar al aire libre, pues acompaña a una serie de lugares cerrados.

Otro principio semántico del lenguaje jurídico es el de **Expressio unius est exclusio alterius,** según el cual cuando se enumera una serie de palabras y al final no aparece un término genérico, lo que disponga el texto se referirá única y exclusivamente a las cosas mencionadas, quedando excluidas todas las demás de forma implícita. Este principio es responsable de no pocas diferencias entre los textos legales ingleses y los españoles. Los textos ingleses son muy minuciosos en el recuento de todos y cada uno de los aspectos a las que se refiere una ley, un contrato o una escritura. Por el contrario, los textos españoles suelen recurrir a afirmaciones genéricas sobre la naturaleza de los aspectos a los que se hace referencia. Un buen ejemplo de esta afirmación lo tenemos en la descripción del objeto de las sociedades mercantiles que aparece en las escrituras de constitución (*Memorandum of Association*).

Por último, según el principio de **Noscitur sociis,** los términos se interpretan de una u otra forma dependiendo del contexto en el que aparezcan. Según el ejemplo que propone Hickey (1993), en la frase «*floors, steps, stairs, passages and gangways*», el término *floors* no incluiría el suelo de las zonas de almacenamiento, ya que aparece seguido de *steps, stairs, passages and gangways,* términos que se refieren a lugares de paso, no a lugares de permanencia.

VI   IDENTIFICACIÓN Y CLASIFICACIÓN DE LOS TEXTOS JURÍDICOS

Los géneros legales

Objetivos	1. Conocer las distintas clasificaciones que se han propuesto para los textos jurídicos. 2. Ser capaz de identificar, clasificar y caracterizar de forma contrastiva los distintos géneros legales en lengua de partida y en lengua de llegada. 3. Familiarizarse con el uso de las bibliotecas de Derecho. 4. Comprender la importancia del trabajo con textos paralelos para respetar las convenciones de género. 5. Practicar la localización de textos paralelos y la tipología contrastiva. 6. Familiarizarse con el uso de formularios. 7. Identificar las ventajas que supone para el estudiante contar con un sistema de clasificación de documentos legales. 8. Iniciarse en el coleccionismo de documentos jurídicos. 9. Diseñar un sistema propio de archivo y recuperación de textos jurídicos, originales y traducciones. 10. Conocer las herramientas informáticas de compilación y explotación de corpus. 11. Aprender a utilizar Internet como corpus de textos jurídicos multilingüe y como alternativa a los diccionarios.
Contenidos	• Los géneros legales. • Búsqueda de textos paralelos. • Trabajo con textos paralelos: extracción de terminología y de fraseología, búsqueda de equivalentes léxicos y conceptuales. • Los corpus de documentos legales: compilación, archivo y explotación.
Tareas	1. Los géneros legales 2. Los géneros legales y la utilización de textos paralelos 3. El uso de formularios jurídicos 4. Clasificación de los textos jurídicos 5. Creación de un corpus de documentos propio 6. Búsqueda de equivalentes de géneros jurídicos
Materiales	Los géneros legales y la traducción jurídica *Power of Attorney*

> 📀 *Last will and testament*
> 📀 *Act of Parliament*
> 📀 Ley 30/1994 de 24 de noviembre, de fundaciones y de incentivos fiscales a la participación privada en actividades de interés general
> ⓘ Identificación de formularios jurídicos en inglés
> ⓘ Tabla de clasificación de los textos jurídicos
> ⓘ Criterios de evaluación de la calidad de un corpus de documentos

1. LOS GÉNEROS LEGALES

Identificación de géneros legales

Para realizar este ejercicio, los alumnos deben fijarse en primer lugar en los tres documentos propuestos, pero también podrían ratificar sus hallazgos observando más documentos del mismo tipo. Otra forma de ampliar el trabajo sería identificar los distintos tipos de poderes y testamentos que existen en español y en inglés, o identificar los distintos tipos de leyes y normas y su orden jerárquico.

Power of Attorney

Nombre del documento en inglés	*Power of Attorney*
Nombre del documento "equivalente" en español	Poder de representación, poder notarial
Emisor	El *grantor* / poderdante. Los poderes angloamericanos aparecen redactados en primera persona por el *grantor*. En España requieren otorgamiento público y debe intervenir un notario, por lo que aparecen redactados en primera persona por el notario que recoge la voluntad e instrucciones del poderdante.
Destinatario	Todas las personas que pudieran leer el documento.
Función y valor legal	Facultar a alguien (*attorney* / apoderado, representante) para que realice ciertos actos jurídicos en nombre y representación del poderdante. El apoderamiento puede ser general o para ciertos actos en particular (vender una propiedad, representar al poderdante en un juicio), y para un periodo de tiempo definido o indefinido.

Estructura	a) Introducción: identificación de las partes, fecha y fórmula de otorgamiento de poderes.
	b) Facultades que se otorgan: normalmente aparecen numeradas y agrupadas en bloques.
	c) Fórmula de conclusión.
Listado de términos propios de cada tipo de documento	*Power of attorney*
	Appoint
	Grant
	Attorney
	In my name and on my behalf
	In witness whereof, I affix my hand and seal
	...

Last will and testament

Nombre del documento en inglés	*Last will and testament*
Nombre del documento "equivalente" en español	Testamento, últimas voluntades
Emisor	El *testator* / testador, causante. Los testamentos angloamericanos aparecen redactados en primera persona por el *testator*. En España suelen otorgarse ante notario (testamentos abiertos), en cuyo caso aparecen redactados en primera persona por el notario que recoge la voluntad e instrucciones del poderdante. En España los testamentos cerrados y los ológrafos aparecen redactados en primera persona por el testador.
Destinatario	Todas las personas que pudieran leer el documento.
Función y valor legal	Expresar las últimas voluntades del testador, puede incluir disposiciones patrimoniales (reparto de herencia, etc.) o no patrimoniales (reconocimiento de hijos póstumos, etc.).
Estructura	a) Introducción: identificación del documento, datos del testador y fecha de otorgamiento.
	b) Fórmula de revocación de testamentos anteriores.
	c) Disposiciones testamentarias varias: institución de herederos y legatarios, nombramiento de albacea, instrucciones sobre el pago de las gastos funerarios y de testamentaría, constitución de *trusts*, cláusulas de desheredación...
	d) Fórmula de conclusión.
	e) Codicilos si los hubiere.

Listado de términos propios de cada tipo de documento	*Will and testament* *Revoke* *Appoint* *Executor* *Give, devise and bequeath* *Real estate* *Personal estate* *Power to appoint or dispose of by will* *In trust* *...*

Act of Parliament

Nombre del documento en inglés	*Act of Parliament*
Nombre del documento "equivalente" en español	Ley (Constitución, leyes orgánicas y ordinarias, son las que en España promulga el Parlamento)
Emisor	El Parlamento. Para el resto de leyes y normas el emisor es el poder legislativo que está constituido por el Parlamento, Gobierno, Ministerios...
Destinatario	Todos los ciudadanos del país en el que se ha promulgado la ley
Función y valor legal	Regular el orden social
Estructura	Información preliminar Fórmula de promulgación Cuerpo de la ley (dividido en *sections, subsections* y *paragraphs*) *Schedules* o apéndices
Listado de términos propios de cada tipo de documento	*Be it enacted* *Abolish* *Impose restrictions* *The Queen's most Excellent Majesty* *Lords Spiritual and Temporal and Commons* *Rules* *For the purpose of* *Proceedings* *Section* *Attorney General* *...*

2. LOS GÉNEROS LEGALES Y LA UTILIZACIÓN DE TEXTOS PARALELOS

Para realizar las actividades propuestas en este apartado recomendamos consultar las obras de Borja (2000) capítulo 5, Dane (1996) y Russell y Locke (1992).

Comparación de documentos paralelos

Estructura general de la ley española

- Título preliminar
- Exposición de motivos
- Articulado (títulos que pueden estar subdivididos en artículos y agrupados por capítulos)
- Disposiciones adicionales, transitorias, derogatorias
- Disposición final (se indica la fecha de entrada en vigor)
- Fórmula de conclusión y firmas

Estructura general de la Act of Parliament

Congenital Disabilities	**SHORT TITLE**
(Civil Liability) Act 1976	
1976 CHAPTER 28	**OFFICIAL CITATION**
An Act to make provision as to civil liability in the case of children born disabled in consequence of some person's fault-and to extend the Nuclear Installations Act 1965, so that children so born in consequence of a breach of duty under that Act may claim compensation.	**LONG TITLE**
[22nd July 1976]	**DATE OF ROYAL ASSENT**
BE IT ENACTED by the Queen's most Excellent Majesty, by and with the advice and consent of the Lords Spiritual and Temporal, and Commons, in this present Parliament assembled, and by the authority of the same, as follows:—	**ENACTING FORMULA**
1.—(1) If a child is born disabled as the result of such an occurrence before its birth as is mentioned in subsection (2) below, and a person (other than the child's own mother) is under this section answerable to the child in respect of the occurrence, the child's disabilities are to be regarded as damage resulting from the wrongful act of that person and actionable accordingly at the suit of the child.	**SECTION**
- (2) An occurrence to which this section applies is one which—	**SUBSECTION**
(a) affected either parent of the child in his or her ability to have a normal. healthy child; or	

Comparación de macroestructuras

 Macroestructura del testamento español

1. Número de Protocolo
2. Lugar, hora y fecha del otorgamiento
3. Nombre, Colegio de pertenencia y del notario fedatario
4. Datos personales del testador
5. Reconocimiento del notario de la capacidad para testar del testador
6. Tipo de testamento
7. Manifestación del testador de sus datos personales
8. Manifestación del testador de su deseo de otorgar testamento
9. Reconocimiento del notario de la idoneidad de los testigos
10. Cláusula de revocación
11. Reconocimiento del testamento por el testador
12. Cláusulas del testamento
13. Dación de fe del notario
14. Folios, serie y números en los que se ha extendido el testamento
15. Firma del testador (y de los testigos, en su caso)

Macroestructura del testamento inglés

1. Denominación
2. Datos personales del testador
3. Fecha
4. Cláusula de revocación
5. Designación de albacea
6. Disposiciones testamentarias
7. Atestación del testador
8. Firma del testador
9. Reconocimiento del testador por los testigos
10. Firma de los testigos

3. EL USO DE FORMULARIOS JURÍDICOS

Identificación de formularios jurídicos en español y cuestionario sobre formularios jurídicos

Con estas dos actividades pretendemos conseguir que el alumno se familiarice con los formularios jurídicos, tanto en formato papel como en soporte electrónico. En clase se puede pedir a los alumnos que se dividan en grupos y que cada uno aporte y presente a los demás un formulario. De este modo, en una sesión pueden tener acceso a formularios de distintas ramas del derecho.

4. CLASIFICACIÓN DE LOS TEXTOS JURÍDICOS

Aplicación del esquema de clasificación

Categoría de clasificación	Ejemplos de géneros
1. Textos normativos	Ley ordinaria Real decreto ley Circular Orden ministerial Act of Parliament (full text) Act of Parliament (outline) Regulations
2. Textos doctrinales	Fragmento libro de texto Artículo especializado Text Book Legal Article
3. Textos judiciales	Demanda de divorcio Demanda de juicio ordinario declarativo de menor cuantía Denuncia Interposición de querella Respuesta a la demanda y reconvención Providencias Auto del Tribunal Constitucional Sentencia Audiencia Provincial de Madrid Sentencia Juzgado de lo Penal Solicitud de cooperación judicial - Comisión rogatoria Cédula de notificación y emplazamiento Cédula de notificación Solicitud de medidas cautelares Sentencia del Tribunal Constitucional Writ of Summons Pleadings: Statement of Claim Divorce Petition Acknowledgment of Service of Writ of Summons Letter of Request Claim by Bearer or Indorsee of a Crossed Cheque Defence and Counterclaim Subpoena Witness Summons Order directing Summons for Appoin. of Receiver House of Lords Judgment High Court of Justice Judgment Default Judgment, Queen's Bench Division
4. Jurisprudencia	Law Report
5. Diccionarios, enciclopedias y repertorios profesionales	Fragmento diccionario español monolingüe Fragmento diccionario español bilingüe Fragmento formulario judicial Law Dictionary Encyclopaedia of Forms and Precedents

6. Textos divulgativos (revistas especializadas, revistas no especializadas)	Artículo especializado Legal Article
7. Documentos públicos y privados de aplicación del Derecho	Escritura de poder Contrato de compraventa de bien mueble Escritura de compraventa de bien mueble Escritura de compraventa de acciones Estatutos de sociedad mercantil Escritura de constitución de sociedad mercantil Power of Attorney Partnership Agreement Partnership Deed Agreement Standard Conditions of Sale Dissolution Deed Last Will and Testament Memorandum of Association Bill of Sale Indenture Distribution Agreement Affidavit

6. BÚSQUEDA DE EQUIVALENTES DE GÉNEROS JURÍDICOS

Comprehensive Legal and Business Forms Library

Para la realización de este ejercicio es recomendable utilizar un buen diccionario jurídico bilingüe (el de Alcaraz Varó es una buena opción) y diccionarios monolingües para comprobar que la equivalencia propuesta realmente es la correcta. Algunos de los documentos relacionados no aparecen en los diccionarios y el alumno tendrá que utilizar otros medios de investigación, como por ejemplo Internet. Para ello recomendamos que busquen el término en cuestión en la web para averiguar cuál es su función legal. A continuación habrá que investigar qué documento español cumple una función similar.

No es necesario traducir la tabla completa. Si se trabaja en clase, el profesor puede asignar un número determinado de términos a cada alumno y debatir los hallazgos en una puesta en común.

Es importante señalar que se trata de documentos norteamericanos, pues algunos de ellos se conocen con nombres distintos en el Reino Unido.

VII PRÁCTICAS DE PRETRADUCCIÓN Y DOCUMENTACIÓN

Objetivos	1. Familiarizarse con el registro jurídico inglés a través del contacto con documentos legales angloamericanos de diversos tipos: artículos de prensa generalistas, artículos de prensa especializada, comentarios de jurisprudencia y sentencias. 2. Reflexionar sobre los aspectos lingüísticos y extralingüísticos que marcan los textos jurídicos. 3. Mejorar la comprensión de textos legales ingleses mediante la adquisición de habilidades de documentación y análisis textual. 4. Identificar las variaciones geográficas que presenta el lenguaje jurídico inglés: inglés jurídico británico, norteamericano, australiano, indio... 5. Desarrollar la capacidad de redacción en español utilizando el registro jurídico. 6. Adquirir práctica en la traducción de documentos legales sencillos. 7. Ampliar el glosario especializado en traducción de documentos legales. 8. Desarrollar la capacidad crítica y reflexionar sobre los problemas que entraña la traducción de elementos culturales.
Contenidos	• El discurso jurídico. • Terminología especializada. • Ejercicios de comprensión del lenguaje jurídico angloamericano. • Ejercicios de reexpresión en lenguaje jurídico español.
Tareas	1. Comprensión de artículos de prensa generalista sobre cuestiones legales 2. Comprensión de artículos de prensa especializada sobre cuestiones legales 3. Comprensión de comentarios de jurisprudencia 4. Comprensión de sentencias de derecho angloamericano y comunitario
Materiales	⬤ *Agreements to aid de facto 'divorce'* ⬤ *Men who pay for sex with trafficked girls to face rape charge* ⬤ *Legal Latin outlawed pro bono publico* ⬤ *The Australian High Court Recognition of Native Title - The Mabo Judgement and Its Implications*

Materiales (cont.)	🔊 *The Times Law Reports: Why judge's trial ended*
	ⓘ Forma de citar la jurisprudencia en Inglaterra
	🔊 *R v Van Bihn Le and Stark: Criminal Law Briefing*
	ⓘ Algunas características de las sentencias
	🌐 Sentencia del High Court británico: Maxim's Limited and another v Dye
	🌐 Sentencia bilingüe del Tribunal de Justicia de las Comunidades Europeas

1. COMPRENSIÓN DE ARTÍCULOS DE PRENSA GENERALISTA SOBRE CUESTIONES LEGALES

Lectura y comprensión. *Agreements to aid de facto «divorce»*

 1. Define los siguientes términos o expresiones marcados en negrita en el texto:

Living together agreements: acuerdos de cohabitación.

«A domestic partnership is a legal or personal relationship between individuals who live together and share a common domestic life but are not joined in a traditional marriage, a common-law marriage, or a civil union. In some legal jurisdictions, domestic partners who live together for an extended period of time but are not legally entitled to common-law marriage may be entitled to legal protection in the form of a domestic partnership. Some domestic partners may enter into domestic partnership agreements in order to agree contractually to issues involving property ownership, support obligations, and similar issues common to marriage. Cohabitation is an arrangement where two unrelated people live together, often as part of a sexual relationship. In some jurisdictions such arrangements can become legally formalised as a common-law marriage either after the duration of a specified period or the birth of a child of the couple. Cohabitation is defined as an emotional, physical, and intellectually intimate relationship which includes a common living place and which exists without the benefit of legal, cultural, or religious sanction.»

Jointly-owned home: inmueble de propiedad compartida.

«In law, ownership of an asset by more than one person is said to be joint. In the case of real estate a certain type of co-ownership may be described as a joint tenancy. See Concurrent estate.»

«Common law» wives and husbands: parejas de hecho.

«Common-law marriage (or common law marriage), sometimes called informal marriage or marriage by habit and repute is, historically, a form of interpersonal status in which a man and a woman are legally married. The essential elements of a common law marriage are that a man and woman, both of whom are of legal age to contract a statutory marriage, mutually consent to live together and hold themselves out to the world as husband and wife. As with statutory marriage, in a number of jurisdictions a common-law marriage can only be dissolved by a formal divorce decree.»

Since the mid-1990's, the term «common-law marriage» has been used in parts of Europe and Canada to describe various types of domestic partnership between persons of the same sex as well as persons of the opposite sex. Although these interpersonal statuses are often, as in Hungary, called «common-law marriage» they differ from true common-law marriage in that they are not legally recognized as «marriages» but are a parallel interpersonal status, known in most jurisdictions as «domestic partnership» or «registered partnership.»

Claim to half the value of the property: reclamar la mitad de la propiedad.

Legal action: acción judicial.

Pre-nuptial agreement: contrato prematrimonial, capitulaciones matrimoniales.

Equality in matters of taxation, pensions and property inheritance: igualdad de derechos en materia fiscal, pensiones y derechos sucesorios.

2. ¿Quién ha lanzado la campaña Living Together?

El *Department for Constitutional Affairs.*

3. ¿Qué tipo de problemas pretende solucionar?

Los problemas de tipo legal y económico que supone una separación entre personas que han vivido juntas durante un tiempo pero no han formalizado su situación con un contrato de matrimonio. También solventaría los problemas de sucesión en caso de fallecimiento de uno de los miembros de la pareja.

4. ¿Se está promoviendo algún cambio en la legislación?

Sí, el Gobierno está trabajando en una nueva ley que reconocerá a las parejas homosexuales los mismos derechos civiles que a las parejas casadas en materia fiscal, pensiones y derechos sucesorios.

5. ¿Qué es el *Civil Partnerships Bill* y por qué están interesadas las parejas heterosexuales en conseguir derechos similares a los que reconoce este instrumento?

Se trata del proyecto de Ley citado en el punto anterior. Las parejas heterosexuales afirman que concede más derechos a las parejas homosexuales de hecho que a las parejas heterosexuales del mismo tipo. Sin embargo, el Gobierno afirma que las parejas heterosexuales pueden acceder a esos derechos firmando un acuerdo de pareja de hecho, mientras que los homosexuales no tienen esa posibilidad.

Propuesta de resumen: Men who pay for sex with trafficked girls to face rape charge

 Miles de hombres podrían ser acusados de violación por haber mantenido relaciones sexuales con prostitutas víctimas del tráfico de personas. Las autoridades británicas están cada vez más preocupadas por el gran número de mujeres que son introducidas en la prostitución engañadas por bandas criminales y que se ven obligadas a ejercerla en contra de su voluntad. El Gobierno considera que es necesario cambiar radicalmente el tratamiento jurídico que se da a esta actividad para acabar con el tráfico de personas.

La semana anterior, en la reunión del nuevo comité ministerial creado para abordar el problema del tráfico de seres humanos, se acordó que dicho asunto será una de las prioridades de Gran Bretaña durante su presidencia de la UE. También se decidió incrementar los servicios de apoyo para las mujeres víctimas de este tipo de delitos. Se llegó a la conclusión de que la ley vigente permite procesar a los clientes por violación, aunque se está a la espera de las indicaciones del ministerio fiscal. La ley que está actualmente en vigor (promulgada en 2003) endureció el marco legal al incluir, por primera vez, una definición de consentimiento, que requiere que la persona «acceda a mantener relaciones sexuales por decisión propia y tenga la libertad y capacidad de tomar dicha decisión».

Las mujeres víctimas del tráfico de seres humanos han sido testigos importantes en los procesos contra los traficantes. Durante estos juicios, se ha descubierto que a menudo estas mujeres les contaban a sus clientes que estaban retenidas en contra de su voluntad y les pedían ayuda para escapar. Sin embargo, en la mayoría de casos el cliente acababa manteniendo relaciones sexuales con ellas. Esta circunstancia hace más probable que en estos casos se considere que existe un delito de violación, lo que supondría un cambio significativo en la manera de abordar la prostitución. En el futuro, los clientes podrían ser detenidos si se pudiera demostrar que han utilizado los servicios de mujeres que ejercen la prostitución en contra de su voluntad.

Comprensión: *Legal Latin outlawed pro bono publico*

1. The Lord Chancellor's Department has just published a 800-page document which sets new rules for the civil courts procedure.

2. It was first published on the Lord Chancellor's Department website one week ago and today it can be bought at the Stationery Office.

3. The main innovations of the new rules are:

   • Eliminates old terms and traditions to facilitate the access to justice. Instead of plaintiff now the courts will use the term claimant. The term leave will be replaced by the more common permission.

   • A new multitrack litigation system has been created. The cases will be dealt with according to their complexity and to the amount of money which is under dispute.

4. The solicitors, have already made objections to the new system based mainly on the short time they have to get adapted to the new rules of procedure.

5. The spokesman of the Law Society is optimistic about the implementation of the new system because he trusts the team work made by all the law personnel.

6. According to the vice-president of the Association of Personal Injury Lawyers the document incorporates a great amount of changes.

7. Anton Piller order will turn into a plain old search order

2. COMPRENSIÓN DE ARTÍCULOS DE PRENSA ESPECIALIZADA SOBRE CUESTIONES LEGALES

Completa el siguiente cuestionario

1. **Busca en un atlas la localización exacta de Murray Island y Torres Strait y busca su traducción al español.**

Se encuentran al norte de Australia, entre la península del Cabo York y la isla de Papúa-Nueva Guinea. Murray Island se conoce en español como la isla de Murray o como las islas Murria, aunque en algunos casos aparece con su acepción en inglés, Murray Island. Por su parte, Torres Strait se traduce al español como Estrecho de Torres.

2. **En un libro de historia comprueba las fechas de colonización británica de Australia.**

La colonización británica de Australia comenzó a finales del siglo XVIII, cuando empezó a usarse la colonia para alojar a los numerosos presos que se hacinaban en las prisiones de Gran Bretaña. Poco a poco, fueron llegando colonos que sentaron las bases de la actual sociedad australiana.

3. **¿A qué se refiere el término *Mabo* en este texto?**

Es el principal demandante del caso, junto con otras cuatro personas. El caso pasó a denominarse «caso Mabo».

4. **¿Qué significa la expresión native title?**

Se refiere a los derechos de los aborígenes y los habitantes del Estrecho de Torres sobre la tierra y las aguas según sus leyes y costumbres tradicionales que la ley australiana reconoce.

5. **Investiga en qué otros lugares se ha planteado la cuestión legal de determinar si un territorio puede ser considerado «Terra nullius».**

En el Sahara, Argentina, EE.UU.

6. **Busca en Internet un texto que verse sobre el mismo tema en español y subraya 10 términos equivalentes a los que has identificado en el texto inglés.**

Guía sobre los pueblos indígenas (indigenous) de Australia.

El caso Mabo
El «caso Mabo» (Eddie Mabo y otros contra el Estado de Queensland) (Mabo and others vs. The State of Queensland) fue una decisión del Tribunal Supremo en la que se estipulaba que la invasión británica no eliminaba ni suprimía el título aborigen nativo, y que Australia no era terra nullius (tierra de nadie, *land belonging to no one*). Koiki, o Eddie, Mabo, pertenecía al pueblo Meriam, dueños tradicionales de Murray Island y de las islas y los arrecifes de alrededor, en el Estrecho de Torres (Torres Strait). En 1982, Mabo y otros cuatro isleños emprendieron un proceso judicial en el

Tribunal Supremo de Australia *(High Court of Australia)* para intentar conseguir una declaración sobre sus derechos tradicionales sobre la tierra. El juicio concluyó el 3 de junio de 1992. La decisión del tribunal estipulaba que «la tierra de Murray Island no pertenece a la Corona *(Crown)*» y que «el pueblo Meriam tiene derecho *(right)* a la posesión *(ownership)*, ocupación, uso y disfrute de las Islas Murray».

La influencia de Eddie Mabo se dejaría sentir en el resto del país tanto como en Murray Island. Eddie Mabo murió antes de conocerse la decisión del tribunal *(court)*.

El caso Mabo cambia la forma en que concebimos la ley de la propiedad en Australia. Si bien la soberanía de la Corno sigue vigente, nunca ha existido terra nullius, y en su lugar se reconoce el derecho nativo a la misma. El derecho común aborigen *(Aboriginal)* sobre la propiedad (o título nativo) *(native title)* sigue existiendo paralelamente al derecho común británico.

El título nativo se fue extinguiendo paulatinamente a medida que los gobiernos coloniales y otros posteriores emitían títulos. Es probable que el título nativo exista por encima de la tierra que esté catalogada como tierra de la Corona no enajenada, parques nacionales (national parks) antes que la tierra que esté catalogada como tierra de la Corona no enajenada en el momento de la declaración, y por encima de las tierras reservadas.

Existen dos argumentos para probar que el título nativo sigue existiendo en el marco del derecho común. El grupo demandante *(claimant)* debe probar que es dueño de la tierra según las leyes comunes de la tierra aborígenes o de los isleños del Estrecho de Torres, y los descendientes del grupo al que pertenecía la tierra en 1788 deben haber seguido vinculados a la tierra. En respuesta al caso Mabo, el Gobierno federal aprobó la Ley del Título Nativo en diciembre de 1993, y en 1994 estableció un fondo nacional de la tierra.

Fuente: http://www.chile.embassy.gov.au/australia/index.html

7. Señala los términos jurídicos que aparecen en este texto y busca su significado en varios diccionarios: monolingües generales y especializados en lengua de partida, bilingües generales y especializados, monolingües en lengua de llegada. Anota todos los hallazgos.

judgement
- An official legal decision.
- The final decision by a court in a lawsuit, criminal prosecution or appeal from a lower court's judgment, except for an «interlocutory judgment», which is tentative until a final judgment is made. The word «decree» is sometimes used as synonymous with judgment.
- Sentencia.
- Declaración del juicio y resolución del juez.
- Decisión formulada por el juez o tribunal. Por ella se resuelven definitivamente todas las cuestiones planteadas en un proceso civil o criminal.

justice
- A judge in a court of law
- An appellate judge, the Chief Justice and Associate Justices of the U.S. Supreme Court, a member of a Federal Court of Appeal and judges of any of the various state appellate courts.

- Juez.
- Miembro de un jurado o tribunal.
- Funcionario perteneciente a la carrera judicial, único investido de autoridad para juzgar y hacer ejecutar lo juzgado, en las causas de sus respectivas competencias. También los jueces de paz, que no pertenecen a la carrera judicial, y son de carácter lego, ejerciendo su cargo en pequeñas localidades con limitadas funciones jurisdiccionales.

plaintiff
- Someone who makes a legal complaint against someone else in court.
- The party who initiates a lawsuit by filing a complaint with the clerk of the court against the defendant(s) demanding damages, performance and/or court determination of rights.
- Demandante.
- Persona que demanda o pide una cosa en juicio.
- Quien demanda, pide, insta o solicita. El que entabla una acción judicial; el que pide algo en juicio; quien asume la iniciativa procesal.

litigation
- The process of taking a case to a law court so that an official decision can be made.
- Any lawsuit or other resort to the courts to determine a legal question or matter.
- Litigio.
- Pleito, altercación en juicio.
- Cualquier pleito, controversia o contienda judicial.

committee
- A group of politicians, from different political parties, chosen to report and advise on a particular subject.
- Comité, comisión.
- Conjunto de personas encargadas por la ley, o por una corporación o autoridad, de ejercer unas determinadas competencias permanentes o entender en algún asunto específico.

incontrovertible
- Impossible to doubt because of being obviously true.
- Incontrovertible, indisputable.
- Que no admite duda ni disputa.

found
- To bring something into existence.
- Fundar.
- Establecer, crear.

injustice
- Lack of fairness and lack of justice.
- Injusticia.
- Acción contraria a la justicia.

challenge
- Question whether something is true or legal.
- Cuestionar.
- Controvertir un punto dudoso, proponiendo las razones, pruebas y fundamentos de una y otra parte.

court
- (A large room in) a building where trials and other legal cases happen, or the people present in such a room, especially the officials and those deciding whether someone is guilty.
- The judge, as in «The court rules in favor of the plaintiff».
- Any official tribunal (court) presided over by a judge or judges in which legal issues and claims are heard and determined.
- Tribunal.
- Lugar destinado a los jueces para administrar justicia y dictar sentencias.
- Lugar donde los jueces administran justicia y pronuncian las sentencias.
- Jueces y magistrados encargados de administrar justicia.

legislation
- A law or set of laws suggested by a government and made official by a parliament.
- Legislación.
- Conjunto o cuerpo de leyes por las cuales se gobierna un Estado, o una materia determinada.
- Conjunto de normas positivas que regulan la vida jurídica.

lease
- To make a legal agreement by which money is paid in order to use land, a building, a vehicle or a piece of equipment for an agreed period of time.
- To rent out real property or an object pursuant to a written agreement.
- Arrendar.
- Ceder o adquirir por precio el goce o aprovechamiento temporal de cosas, obras o servicios.

tribunal
- A special court or group of people who are officially chosen, especially by the government, to examine (legal) problems of a particular type.
- Any court, judicial body or board which has quasi-judicial functions, such as a public utilities board which sets rates or a planning commission which can allow variances from zoning regulations.
- Tribunal.
- Lugar destinado a los jueces para administrar justicia y dictar sentencias.
- Cortes o grupos de jueces o magistrados encargados de impartir justicia, cada uno dentro de su propia jurisdicción .

claim
- To ask for something of value because you think it belongs to you or because you think you have a right to it.
- To make a demand for money, for property, or for enforcement of a right provided by law.
- Reclamar.
- Pedir o exigir con derecho o con instancia algo.

appeal
- To request a higher law court to consider again a decision made by a lower court, especially in order to reduce or prevent a punishment
- To ask a higher court to reverse the decision of a trial court after final judgment or other legal ruling. After the lower court judgment is entered into the record, the losing party (appellant) must file a notice of appeal, request transcripts or other records of the trial court (or agree with the other party on an «agreed-upon statement»), file briefs with the appeals court citing legal reasons for over-turning the ruling, and show how those reasons (usually other appeal decisions called «precedents») relate to the facts in the case. No new evidence is admitted on appeal, for it is strictly a legal argument. The other party (Respondent or appellee) usually files a responsive brief countering these arguments. The appellant then can counter that response with a final brief.
- Apelar.
- Recurrir al juez o tribunal superior para que revoque, enmiende o anule la sentencia que se supone injustamente dada por el inferior.
- Recurrir la parte agraviada por resolución judicial ante Juez. Puede ser en ambos efectos (devolutivo y suspensivo) en cuyo caso se remiten los autos originales al tribunal superior y queda en suspenso la tramitación del asunto principal, o en un solo efecto (el devolutivo) cuando no se suspende la ejecución de la resolución recurrida, remitiéndose al tribunal superior un testimonio de la misma.

compensation
- Money that is paid to someone in exchange for something that has been lost or damaged or for some inconvenience.
- The amount received to «make one whole» (or at least better) after an injury or loss, particularly that paid by an insurance company either of the party causing the damage or by one's own insurer.
- Indemnización.
- Acción y efecto de indemnizar. (Indemnizar: 'resarcir de un daño o perjuicio').
- Cantidad que debe entregarse a una persona para compensarla de un daño o perjuicio que se le ha ocasionado.

8. Propuesta de resumen

En 1992, se produjo la resolución del caso Mabo, en el que los demandantes eran Eddie Mabo y otras habitantes de las islas Murray, en el estrecho de Torres. El Tribunal Supremo de Australia sostuvo que Australia no era *terra nullius* (tierra de nadie) durante la colonización británica de finales del siglo XVIII, sino que estaba ocupada por aborígenes e isleños del estrecho de Torres, que tenían sus propias leyes y costumbres, y cuyo dominio sobre la tierra sobrevivió a la anexión de Australia a la Corona británica. El reconocimiento de la existencia del «título nativo» supuso la introducción de un nuevo concepto en el derecho consuetudinario australiano, lo que era de gran importancia para la población nativa.

La propiedad aborigen de la tierra siempre estuvo reconocida por Gran Bretaña y por el derecho internacional. A pesar de ello, los colonos que se instalaron en Australia se las arreglaron para no tener en cuenta este hecho, con lo que fundaron el derecho australiano sobre el concepto de *terra nullius,* que les resultaba más conveniente desde un punto de vista económico. Esta afirmación, obviamente falsa, junto con las injusticias que se derivaron de ella, han sido cuestionadas desde el principio por los aborígenes y sus partidarios.

La sentencia del caso Mabo no pone en duda la legalidad de las tierras que están en manos de no aborígenes. Sólo algunas tierras de la Corona, parques nacionales y determinadas tierras arrendadas pueden ser objeto de reclamaciones por parte de los propietarios aborígenes. Además, la ley no reconoce automáticamente el «título nativo», sino que hay que recurrir a la justicia y demostrar que se mantuvo el vínculo tradicional con la tierra que se reclama. Las decisiones se pueden apelar y, en caso de conflicto entre títulos concedidos por la Corona y el «título nativo», siempre prevalecen los primeros.

3. COMPRENSIÓN DE COMENTARIOS DE JURISPRUDENCIA

Para referirse a los casos seleccionados en los repertorios, se utiliza un sistema de citación que se puede ilustrar con el siguiente ejemplo: Holgate-Mohammed v. Duke (1984) 2 WLR 660. En primer lugar aparecen los nombres de las partes implicadas en el caso separadas por la «v.», que significa *versus*. A continuación, el año en que fue publicado y el volumen, es decir el segundo volumen de 1984. Y por último, la abreviatura del repertorio (Weekly Law Report) y la página donde aparece.

Comprensión y resumen: The Times Law Reports. Why judge's trial ended

 1. ¿Qué es un *Law Report*?

Según el *Black's Law Dictionary:* «1) *It's a formal oral or written presentation of facts.* 2) *A published volume of judicial decisions by a particular court or group of courts. Law reports may be either official published by a government entity or unofficial if they are published by a private publisher».* Según el *Diccionario de términos jurídicos de Alcaraz:* «Compilación de decisiones judiciales, jurisprudencia. El derecho jurisprudencial consta de las resoluciones judiciales dictadas por los jueces en sus sentencias; estas resoluciones están recogidas en los *law reports*».

En general, se trata de publicaciones en donde aparecen las resoluciones judiciales, son compilaciones o repertorios de jurisprudencia. En Inglaterra no existen publicaciones oficiales de las sentencias, su publicación está en manos de empresas privadas. En estos compendios sólo aparecen una mínima parte de las resoluciones judiciales, sólo aquéllas que puedan tener algún tipo de importancia. Normalmente se presta mayor atención a casos decididos en tribunales superiores. Para poder ser publicadas, deben estar escritas y supervisadas por un especialista en derecho.

En el caso del texto que nos ocupa, no se trata de una publicación especializada en resoluciones judiciales, sino que se trata de un periódico diario británico que tiene una sección llamada *Law Reports*. Esta sección se dedica a resumir, para el lector no especializado en derecho, una resolución judicial que normalmente trae consigo o bien controversia, o una nueva aplicación de la ley o cualquier tipo de característica que la haga especial.

2. Encuentra el significado de los siguientes términos o expresiones que aparecen marcados en negrita en el texto:

- **Controversial decision:** decisión controvertida o polémica.
- **Halt the trial:** suspender el juicio, interrumpir la vista del juicio, detener el proceso, retirar los cargos.
- **Mortage fraud:** fraude hipotecario.
- **Nolle prosequi:** no querer continuar, abandonar la instancia, no seguir adelante con un procesamiento por parte del fiscal. En español también se utiliza la expresión latina.
- **Suspended on his full pay:** suspendido de empleo pero manteniendo el sueldo .
- **Commons written reply:** Respuesta escrita de la Cámara de los Comunes.
- **Stand trial:** comparecer en juicio.

3. Señala todos los tribunales, cargos e instituciones oficiales citados en el caso y explica cuáles son sus funciones.

- **Attorney-General:** Fiscal General del Estado, normalmente es un diputado parlamentario y, como tal, es la instancia política responsable de la dirección de la acusación pública ante el Parlamento. Con frecuencia, también es el que contrata los servicios de la acusación del Estado a abogados.
- **Commons:** Cámara de los Comunes.
- **Crown Court:** Tribunal Superior de lo Penal. Aquí se juzgan los delitos graves y muy graves. Está formado por jueces y jurado y en él se tratan, además, apelaciones de las sentencias dictadas por los *Magistrates' Courts*. La instancia siguiente de apelación es la División Penal del Tribunal de Apelación (*Criminal Division of the Court of Appeal*) y, si procede, la Cámara de los Lores (*House of Lords*).
- **Crown prosecution Service:** Fiscalía General del Estado. Es el servicio público que se encarga de llevar a juicio los delitos criminales. Está constituida por *Crown Prosecutors* o fiscales del Estado, y se halla bajo la dirección del Director de la Acusación Pública (DPP), que a su vez depende del fiscal general (*Attorney General*), y que es la última instancia responsable políticamente ante el Parlamento.
- **MPs:** *Members of Parliament.* Miembros del Parlamento que tienen la posibilidad de procesar y sentenciar a los funcionarios públicos.
- **Senior Prosecuting Counsel:** El principal letrado de la acusación.

4. Propuesta de resumen

El fiscal general británico, John Morris, decidió abandonar la instancia en el proceso que se seguía contra el magistrado del *Crown Court*, Richard Gee, por fraude hipotecario. El fiscal adoptó esta decisión después de que se presentaran diversos certificados médicos que afirmaban que el estado mental del acusado no le permitiría afrontar el juicio. El fiscal informó a los miembros del Parlamento de que fue el abogado de la defensa quien solicitó al fiscal general que tuviera en cuenta dichos informes médicos. También les comunicó que existe una norma estricta de trato equitativo en la aplicación de la justicia a cargos públicos. Sin embargo, el juez acusado había sido fotografiado en perfecto estado de salud. A pesar de este hecho, la Cámara de los Comunes alegó que estaba tratando el caso con la misma imparcialidad con la que lo hubiera hecho con cualquier otra persona. También manifestó que la suspensión del juicio había sido decidida como consecuencia de los numerosos informes médicos que indicaban que el acusado no podría seguir el proceso con normalidad y con pleno uso de sus facultades debido a su estado mental. Tras conocer el veredicto, el juez Gee, sonriente, posó ante las cámaras con su esposa en su domicilio de Florida.

Comprensión y traducción: *R v Van Bihn Le and Stark*

1. Define los siguientes términos o expresiones marcados en negrita en el texto

- **sentence of 3 years 6 months imprisonment:** a punishment given by a judge in court to a person or organization after they have been found guilty of doing something wrong, consisting of spending 3 years and a half in prison.
- **conviction:** the result of a criminal trial in which the defendant has been found guilty of a crime.
- **consolidated:** to combine several things, especially businesses, so that they become more effective, or to be combined in this way.
- **final hearing:** the last act of listening to evidence in a court of law or before an official, especially a trial before a judge without a jury.
- **pleaded guilty:** when defendant admits to having committed a charged offense.
- **deterrent sentences:** sentences which deter people from doing something.
- **contested case:** If you contest a formal statement, a claim, a judge's decision, or a legal case, you say formally that it is wrong or unfair and try to have it changed.

2. Propuesta de traducción

Van Bihn Le (representado por Oliver Saxby) fue declarado culpable de facilitar la entrada ilegal al Reino Unido de una persona. Llegó con su coche hasta Ramsgate después de cruzar el canal de La Mancha en ferry. El inmigrante ilegal, un compatriota vietnamita, viajaba con él como pasajero. Van Bihn Le mostró al agente de aduanas la documentación de ambos, y éste se percató inmediatamente de que los papeles del acompañante no estaban en regla.

Durante el interrogatorio, Van Bihn Le declaró que había viajado a Bélgica para hacer turismo y que allí conoció a su pasajero y aceptó llevarle hasta Inglaterra. Afirmó que desconocía que el vietnamita fuese un inmigrante ilegal y no pudo explicar por qué llevaban billete de ferry de ida y vuelta desde Ramsgate a Ostende para dos personas.

Fue declarado culpable al considerarse que había actuado de manera premeditada, aunque se descartó que lo hiciera a cambio de una cantidad de dinero importante o en el marco de una operación a gran escala. Tenía 34 años cuando le juzgaron y era de nacionalidad vietnamita. Además, tenía la tutela de su hijo de 6 años y anteriormente, en 1993, había sido condenado a una pena de cárcel por robo en un domicilio, tras lo cual le había sido concedida la libertad condicional. Se encontraba en paro desde su llegada al Reino Unido en 1990.

En esta ocasión, Van Binh Le fue condenado a 3 años y 6 meses de prisión. El juez no aceptó el recurso de apelación a dicha sentencia y comentó al respecto: «Aunque la sentencia es estricta, en ningún caso puede considerarse excesiva». No obstante, el tribunal de apelación aceptó un recurso posterior y en la última instancia, el caso fue visto conjuntamente con el de otro acusado llamado Stark.

Stark se había declarado culpable de facilitar la entrada de nueve inmigrantes ilegales, una familia de la antigua Yugoslavia. En este caso, sí que hubo beneficio económico y una actuación premeditada. Sin embargo, se trataba de un delito aislado cometido por un hombre sin antecedentes y que siempre había gozado de buena reputación.

La condena de Van Bihn Le se redujo a 2 años y 6 meses de cárcel y la de Stark a 3 años y 6 meses (frente a los 5 años iniciales a los que había sido condenado). El tribunal, a través de su presidente, el juez Bingham, hizo la siguiente observación sobre ambos casos: «Normalmente, las penas correspondientes a los delitos relacionados con la entrada de inmigrantes ilegales, a excepción de los delitos de menor cuantía, es la detención inmediata. Se trata de delitos que muy a menudo exigen sentencias disuasorias [...], pues tal como muestran las estadísticas, el problema es cada vez más grave.»

Para que alguien sea condenado con la pena máxima que corresponde a este delito (7 años de prisión) debe darse alguna de las siguientes circunstancias:
- Reincidencia;
- Delito cometido a cambio de la obtención de beneficios económicos;
- Inexistencia de relación familiar con las personas a las que se facilita la entrada ilegal;
- Delitos cometidos a lo largo de un periodo extenso de tiempo;
- Alto grado de planificación, organización y complejidad;
- Número elevado de inmigrantes ilegales.

En cualquier caso, la pena máxima debe ser aplicada en los casos más graves.

4. COMPRENSIÓN DE SENTENCIAS DE DERECHO ANGLOAMERICANO

1. Busca cuatro formas de referirse al término *sentencia judicial* en inglés.

- Judgement
- Decision
- Ruling
- Sentence (punishment: criminal law only)
- Decree (Scots Law; Derecho de familia)

2. Identifica el nombre de las partes y de sus representantes legales.

- Demandante: Maxims Ltd y otro, representados por Mr Prescott.
- Demandado: Dye, no responde a la demanda ni presenta alegaciones.

3. ¿Aparece el nombre de algún juez? ¿En qué tribunal ejerce?

- Mr Justice Graham, High Court of Justice – Chancery Division.

4. Busca el significado de las palabras marcadas en negrita.

- **Proceedings:** (1) procedimiento, actuaciones, trámites, diligencias, acto procesal, proceso; (2) actas, minutas, autos.
- **in default of defence:** En el diccionario aparece definido el témino *default judgement* como 'fallo o sentencia judicial por incomparecencia de la parte; sentencia en rebeldía'. En este caso significa que la parte demandada no ha contestado a la demanda, ni se ha personado en el proceso.
- **receive evidence:** tomar declaración.
- **statement of claim:** cuerpo de la demanda que contiene los hechos y los fundamentos de derecho; exposición de las pretensiones de la demanda y fundamentos de la misma.
- **injunction:** interdicto, requerimiento judicial, prohibición, mandato judicial, orden de juicio de amparo, orden de actuación o de abstención.
- **goodwill:** clientela de una empresa o negocio, fondo de comercio, plusvalía.
- **grant:** conceder.

5. Resume la reclamación que presenta el demandante y señala en el textos los párrafos en los que aparece.

- La reclamación aparece detallada en el primer párrafo. Los demandantes, Maxim's Ltd y otro, solicitan del tribunal una orden que prohíba a un restaurante de Norwich denominado Maxim's que utilice dicha denominación intentando hacerlo pasar por el conocido restaurante de París que lleva ese mismo nombre.

6. Marca en el texto los párrafos en los que aparece la argumentación legal que realiza el juez.

- Párrafos 4, 5 y 6.

7. Identifica los casos citados como precedentes judiciales (*case law*)

- *Crazy Horse case.*
- *Baskin-Robbins case.*

8. ¿Cuál es la decisión del juez en este caso? ¿En qué frase aparece expresada?

- Decidió conceder la orden solicitada por los demandantes y prohibir, de este modo, a los dueños del restaurante utilizar el nombre Maxim's para un restaurante en la ciudad de Norwich. En su argumentación señaló que, aunque el famoso restaurante se hallaba fuera de las fronteras de Inglaterra, debía considerarse que su prestigio era internacional y por tanto su fondo de comercio debía protegerse en el ámbito internacional. Con esta decisión no siguió el precedente sentado por el caso Crazy Horse, sino el del caso Baskin-Robbins, que tenía en cuenta que las fronteras nacionales son cada vez más difusas, como sucede en el caso de la Unión Europea.

- **Su decisión aparece expresada en la frase:** «*I ought not to follow the reasoning in the Crazy Horse case but should grant an injunction here. The views on Community law expressed hereafter are of course my views, based on the argument addressed to me, of what I think that law is*».

 # LA TRADUCCIÓN DE DOCUMENTOS ADMINISTRATIVOS

Certificados de Registro Civil, certificados de penales y documentos notariales sencillos

Objetivos	1. Conocer las diferencias entre documento público y privado.
	2. Reflexionar sobre los métodos y estrategias que se utilizan en la traducción jurídica profesional.
	3. Ser capaces de razonar la idoneidad de un método de traducción en función del tipo de encargo de traducción.
	4. Reflexionar sobre el valor legal de los documentos de carácter registral y notarial y sobre el valor de sus traducciones.
	5. Conocer la documentación necesaria para traducir documentos de Registro Civil.
	6. Aplicar el modelo de ficha de control y el concepto de encargo de traducción a los documentos de Registro Civil y a los documentos notariales.
	7. Adquirir práctica en la traducción de documentos de Registro Civil y documentos notariales.
	8. Elaborar un glosario especializado en traducción de documentos de Registro Civil y documentos notariales.
	9. Elaborar un corpus de documentos de Registro Civil y documentos notariales en inglés y en español.
	10. Desarrollar la capacidad crítica y reflexionar sobre los problemas que entraña la traducción de los elementos culturales que abundan en este tipo de textos.
Contenidos	• Definición de documento público y privado.
	• El valor legal de los documentos.
	• Eficacia extraterritorial de documentos extranjeros.
	• Legalización de documentos extranjeros.
	• Comparación interlingüística de documentos de Registro Civil y otros documentos públicos españoles, ingleses y norteamericanos.
	• Problemas de traducción más habituales en la traducción de documentos de Registro Civil. La traducción del formato, del léxico, la fraseología y los elementos culturales.
Tareas	1. Formalización de documentos
	2. Eficacia legal de los documentos extranjeros en España
	3. El Registro Civil en España
	4. El Registro Civil en los países de derecho angloamericano

Tareas **(cont.)**	5. Creación de un corpus y un glosario de documentos de Registro Civil españoles e ingleses 6. Comprensión de documentos de Registro Civil ingleses 7. Problemas en la traducción inglés-español de documentos de Registro Civil: asimetría conceptual y documental 8. ¿Traducir o adaptar? 9. Prácticas de traducción inglés-español de documentos de Registro Civil 10. Revisión de propuestas de traducción para los documentos de Registro Civil 11. Prácticas de traducción español-inglés de documentos de Registro Civil 12. Traducción de certificados de penales 13. Traducción de documentos notariales
Materiales	Documento público frente a documento privado en España Documento público frente a documento privado en los sistemas de *Common Law* *The notary public* *Notarization in* USA Legalización y traducción de documentos extranjeros. La Apostilla de La Haya *Apostille Hague Convention* Introducción al Registro Civil en el ordenamiento español *The birth registration System in the* UK Formulario para inscribir a un recién nacido en el *Register of Birth and Deaths* (Registro Civil británico) *The Registration of Births and Deaths Regulations 1987* Procedimientos y métodos de traducción *Certificate of Birth* (Wales) El término *Registrar* en Wikipedia *Birth certificate* (Consulado de Madrid) Propuesta de traducción (INADECUADA) al español de un *Birth certificate* Instrucciones de traducción para documentos de Registro Civil *Marriage certificate* (Reino Unido) *Birth certificate* (Boston, EE.UU.) *Certificate of no impediment to marriage* (Reino Unido) *Certificate of Birth* (Kosovo) *Certified Abstract of Marriage* (EE.UU.) Errores de traducción *Certificate of Death* (Reino Unido) Propuesta de traducción CON ERRORES de *Certificate of Death* (Reino Unido) *Certificate of Birth* (Pakistán)

Materiales (cont.)	🔑 Propuesta de traducción CON ERRORES de *Certificate of Birth* (Pakistán)
	🔑 *Certified copy of an entry of birth* (Reino Unido)
	🔑 Propuesta de traducción jurada CON ERRORES de *Certified copy of an entry of birth* (Reino Unido)
	🔑 Certificación en extracto de inscripción de matrimonio
	🔑 Certificado de empadronamiento
	🔑 Fe de vida y estado
	🔑 Certificado de penales español traducido al inglés
	🔑 Certificado de penales norteamericano
	🔑 Certificado de penales nigeriano
	ⓘ Propuesta de traducción de algunas fórmulas de otorgamiento y certificación
	🔑 Certificación de firma
	🔑 Declaración jurada
	🔑 Certificación de firma
	🔑 Traducción al inglés de compulsa notarial española

1. FORMALIZACIÓN DE DOCUMENTOS

Lee el siguiente texto

- **Acknowledgment:** Acto por el que el suscriptor de un documento manifiesta ante un notario que la firma que aparece en dicho documento es de su puño y letra. El notario, por su parte, certifica que la firma fue realizada en su presencia tras haber comprobado la identidad del suscriptor.
- **Jurat:** Similar al anterior, pero en este caso hay que añadir que el suscriptor declara bajo juramento que los contenidos del documento son veraces y exactos.
- **Affidavit:** Declaración jurada realizada voluntariamente por una persona. Aparece redactada en primera persona y requiere la intervención de un testigo de la autenticidad de la firma.

La profesión de notario en el mundo

Los textos establecen una comparación entre las funciones de los notarios de los ordenamientos de *Common Law* y los notarios de los ordenamientos de derecho continental. Además, explica las importantes diferencias que existen entre el *Notary Public* en el Reino Unido y en EE.UU. Se espera que el alumno identifique en su resumen todas estas diferencias.

Comparación entre los requisitos de formalización de documentos públicos

 1. ¿Qué se entiende en España por documentos públicos y privados?

- Documento privado es aquel en que sólo han tenido intervención los particulares interesados o con testigos, pero sin la presencia de notario o funcionario competente.
- Documento público es aquel expedido, autorizado o intervenido por funcionario público competente.

2. ¿Qué persona o institución tiene poder para otorgar cada uno de ellos?

Los documentos privados los otorgan los interesados, sin necesidad de que intervengan otras personas. Pueden pedir a algún conocido que actúe como testigo, pero esto no les confiere carácter de documento público. Los documentos públicos son los expedidos, autorizados o intervenidos por funcionario público competente: jueces, notarios, registradores y otros funcionarios públicos legalmente facultados.

3. ¿Qué tipo de documentos son los certificados de nacimiento, defunción, matrimonio? ¿Quién tiene poder para certificar estos documentos en España?

Son documentos públicos que emiten los responsables de los Registros civiles, normalmente un secretario de juzgado.

4. ¿Qué procedimiento se puede seguir para «elevar a públicos» los documentos privados en el Reino Unido?

Se puede acudir a la oficina de un *Notary Public,* pero como ya se ha dicho, el concepto de documento público no existe con el sentido que tiene en España. De hecho los *Notary Public* intervienen normalmente documentos que deben ser presentados en el extranjero porque en el Reino Unido no se suele exigir este requisito.

5. ¿Quién puede llevar a cabo la formalización de un instrumento legal en los países de *Common Law*?

Cada documento tiene unos requisitos de formalización diferentes, pero así como en España ciertos documentos deben ser otorgados necesariamente ante notario (escrituras de compraventa inmobiliaria, estatutos societarios...), en el Reino Unido es suficiente la firma de testigos y la impresión de un sello (ya sea el sello de una institución pública o de una empresa privada).

6. ¿Qué finalidad se persigue con la notarization de documentos en EE.UU.?

Depende del tipo de autentificacion que se le solicite: *acknowledgment, jurat* o *affidavit.* El *Notary Public* norteamericano certifica, en nombre personal, la autenticidad de documentos y firmas y toma declaraciones juradas. No requiere una formación especial y el cargo se «adquiere» pagando unos honorarios que dan derecho a ejercer las funciones de *Notary* durante un periodo de tiempo determinado. Una vez finalizado dicho periodo, se debe renovar la licencia, si se desea continuar.

7. ¿Qué diferencias existen entre el *Notary Public* británico y el norteamericano?

Como hemos dicho en el punto anterior, los norteamericanos no necesitan tener ningún tipo de formación jurídica. Los británicos tienen formación jurídica y ejercen sus funciones de *Notary Public* conjuntamente con las de *Solicitor* o abogado. En el Reino Unido existe un tipo especial de *Notary Public*, el *Scrivener*, que suele dominar idiomas y estar especializado en cuestiones de derecho internacional. Se ocupa de preparar la documentación legal que sus clientes van a presentar en el extranjero y, en ocasiones, realiza funciones de asesor sobre el derecho del país extranjero y certifica traducciones.

2. EFICACIA LEGAL DE LOS DOCUMENTOS EXTRANJEROS EN ESPAÑA

Apostilla. Convenio de La Haya, de 5 de octubre de 1961

 1. Consigue el texto íntegro de esta Convención en español e inglés.

- El texto español se puede consultar en:
  http://www.mec.es/mecd/atencion/educacion/hojas/F_Direcciones/apostilla.htm
- Para encontrar el texto inglés hay que buscar por *Convention abolishing the requirement of legalisation for foreign public documents*. En el texto de la convención en inglés se señala que esta convención en idioma francés se denominará de otro modo: *The title «Apostille (Convention de La Haye du 5 octobre 1961)» shall be in the French language.*

2. Identifica los países signatarios de dicho instrumento.

Aparecen en http://www.mec.es/mecd/atencion/educacion/hojas/F_Direcciones/apostilla.htm

3. Traduce la Apostilla de La Haya que aparece a continuación.

Proponemos como traducción la apostilla que aparece como anejo al convenio en versión española.

ANEJO AL CONVENIO
Modelo de apostilla

APOSTILLE
(CONVENTION DE LA HAYE DU 5 OCTOBRE 1961)

1. País...

El presente documento público
2. Ha sido firmado por:.............................
3. Quien actúa en calidad de:.............................

---

4. Y está revestido del sello de:.............................

CERTIFICADO

5. En:...........................
6. El día........................
7. Por:.............................
8. Bajo el número:............................

9. Sello:
10. Firma:

....
....

4. ¿Crees que es necesario traducirla siempre que acompaña a un documento extranjero que requiere traducción?

Normalmente no es necesario traducirla, ya que como se puede apreciar tiene unos apartados bien definidos que siempre son los mismos. Los funcionarios que trabajan con documentos extranjeros en general no tienen problemas en aceptar la apostilla sin traducir. Sin embargo, en algunos casos exigen su traducción. Por tanto, si un cliente pregunta si es necesario traducir la apostilla, podéis darle la explicación anterior y que sea él quien decida.

5. Averigua quién puede estampar la apostilla de La Haya en España.

En el texto de la Convención se indica: «Cada Estado contratante designará las autoridades consideradas en base al ejercicio de sus funciones como tales, a las que dicho Estado atribuye competencia para expedir la acotación prevista en el artículo 3, párrafo primero y deberá notificar esa designación al Ministerio de Asuntos Extranjeros de los Países Bajos en el momento del depósito del correspondiente instrumento de ratificación o de adhesión o de su declaración de extensión. También deberá notificarle toda modificación en la designación de esas autoridades». Así pues, las .autoridades con competencia para emitir la apostilla de La Haya varían de un país a otro. Dependiendo de la naturaleza del documento público de que se trate, en España son tres las «autoridades apostillantes», cuya competencia para cada caso en particular se establece acudiendo a las siguientes reglas.

1. Para apostillar documentos emitidos por autoridades judiciales competentes, la autoridad apostillante competente será el secretario de la Sala de Gobierno del Tribunal Superior de Justicia, que podrá apostillar documentos tales como autos, sentencias y demás providencias emanadas de cualquier autoridad judicial, de cualquier instancia (juzgados, Audiencias Provinciales, Tribunales Superiores de Justicia) y de todas las ramas de la jurisdicción (civil, penal, social, contencioso administrativa).

2. Para documentos autorizados notarialmente y documentos privados cuyas firmas hayan sido legitimadas por notario, la autoridad apostillante competente será el decano del Colegio Notarial respectivo o miembro de su Junta Directiva.

3. Para apostillar documentos de la Administración Central, la autoridad apostillante competente es el Jefe de la Sección Central de la Subsecretaría del Ministerio de Justicia. La Administración Central del Estado está integrada por los órganos que extienden su competencia a todo el ámbito territorial del Estado. Se trata de los Ministerios o sus organismos dependientes, y únicamente los documentos expedidos por ellos deben ser apostillados por el Ministerio de Justicia en Madrid.

4. Para apostillar documentos públicos de las restantes Administraciones: Periférica (Delegaciones y Subdelegaciones del Gobierno en cada Comunidad Autónoma y/o Provincia), Autonómica, Provincial, Municipal y órganos Autónomos de la Administración Central, será autoridad apostillante competente, a elección del interesado, cualquiera de las mencionadas en los apartados 1 y 2, es decir, o el secretario de la Sala de Gobierno del Tribunal Superior de Justicia o el decano del Colegio de notarios.

3. EL REGISTRO CIVIL EN ESPAÑA

Conceptos básicos de Derecho de la persona

 ### 1. La persona física y la persona jurídica

Según la legislación española, la persona física (o persona natural) es aquel individuo sujeto de derecho o de relaciones jurídicas. Como complemento de la persona física existe el concepto de persona jurídica que no se refiere a una persona como tal, sino a una asociación de interés particular o público, a la que la ley concede personalidad propia, independiente de la de sus asociados. En el Reino Unido existen ambos conceptos y su interpretación equivale a la que se le da en España. Los términos son *natural person* y *legal person*.

Persona física (o persona natural) es un concepto jurídico, cuya elaboración fundamental correspondió a los juristas romanos. Cada ordenamiento jurídico tiene su propia definición de persona, aunque en todos los casos es muy similar. En términos generales, es todo miembro de la especie humana susceptible de adquirir derechos y contraer obligaciones. En algunos casos se puede hacer referencia a éstas como personas de existencia visible, de existencia real, física o natural. En España, el Código Civil en los artículos 29 y 30 exige haber nacido con forma humana y haber sobrevivido veinticuatro horas desprendido del seno materno. De esta forma, un bebé que muera a las pocas horas de su nacimiento no será considerado a la hora de, por ejemplo, reparto de herencias.

Junto a las personas físicas existen también las **personas jurídicas**, que son entidades a las que el Derecho atribuye y reconoce una personalidad jurídica propia y, en consecuencia, capacidad para actuar como sujetos de derecho, esto es, capacidad para adquirir y poseer bienes de todas clases, para contraer obligaciones y ejercitar acciones judiciales. Son personas jurídicas las fundaciones, las asociaciones y las sociedades mercantiles.

2. La filiación

La **filiación** es el vínculo jurídico que une al padre o madre con su descendencia, que genera derechos y deberes recíprocos. La filiación produce diversos efectos jurídicos de gran importancia, tales como la nacionalidad, el estado civil y el derecho de alimentos. La **filiación** puede generarse mediante el acto natural de la procreación, o mediante el acto jurídico de la adopción. En algunos sistemas jurídicos existen diferencias en el tratamiento legal de los hijos biológicos y los adoptados.

En el caso de la filiación de origen biológico, también se distingue entre la filiación matrimonial, cuando los progenitores están casados entre sí, y la filiación no matrimonial (o extramatrimonial), en caso contrario. En algunos ordenamientos jurídicos existen diferencias en el tratamiento, dependiendo del tipo de filiación, donde el hijo de filiación no matrimonial (antiguamente llamado *hijo ilegítimo*) puede tener menos derechos que el de filiación matrimonial.

3. Emancipación y habilitación de edad

En la antigua Roma, la **emancipación** era el acto de liberación de un esclavo por voluntad de su dueño. Mediante la misma, el esclavo adquiría determinados derechos de los que hasta ese momento estaba privado: comerciar, adquirir bienes, etc. Hay que tener en cuenta que en el derecho romano el esclavo no era considerado como persona, sino como cosa. En otro sentido, también proveniente del derecho romano, la **emancipación** es el término o extinción de la patria potestad o tutela. Las causas de la emancipación pueden ser varias: un acta autorizante del padre; el matrimonio; llegar a la mayoría de edad; por sentencia judicial.

En el derecho contemporáneo el término se usa específicamente en el sentido de atribución a un menor de edad por parte de sus padres o tutores de la totalidad, o la mayor parte de los derechos y facultades civiles, que normalmente conlleva la mayoría de edad. Asimismo, algunas legislaciones conceden la mayoría legal al menor de edad que contrae matrimonio. La mayoría legal y penal de edad esta regulada en la Constitución Española, artículo 12 en donde se dice que «los españoles son mayores de edad a los dieciocho (18) años».

4. Capacidad legal y capacidad de obrar de las personas físicas

La capacidad legal (o simplemente, capacidad) es, en el vocabulario jurídico, la aptitud para ser titular de derechos y obligaciones; de ejercitar los primeros y contraer los segundos en forma personal y comparecer a juicio por propio derecho.

La capacidad de obrar es la aptitud reconocida por el Derecho para realizar, en general, actos jurídicos. Es restringible, es decir, que no todos los hombres la poseen ni es igual, ya que está sujeta a restricciones. Un menor de edad, por ejemplo, no tiene capacidad de obrar y por ello no podrá comprar una casa, ni constituir una sociedad.

5. Las declaraciones de ausencia o fallecimiento

Existen dos causas de extinción de la persona física: la muerte y la ausencia. La muerte por ausencia requiere la existencia de la declaración de ausencia. Tiene lugar cuando la desaparición de la persona se prolonga mucho en el tiempo, o bien su desaparición se produce en unas circunstancias que provocan un inminente peligro para su vida (terremoto, huracán, incendio...), lo que hace presumir que la persona está muerta, y se posibilita que se la declare fallecida para proteger los intereses de determinadas personas.

Según el art. 183 del Código Civil se considerará en situación de ausencia legal al desaparecido de su domicilio o de su última residencia: 1) Pasado un año desde las últimas noticias o a falta de éstas desde su desaparición, si no hubiese dejado apoderado con facultades de administración de todos sus bienes; 2) Pasados tres años, si hubiese dejado encomendada por apoderamiento la administración de todos sus bienes.

6. La nacionalidad y vecindad

Nacionalidad significa la pertenencia de una persona a un ordenamiento jurídico concreto. Este vínculo del individuo con un Estado concreto le genera derechos y deberes recíprocos (española, portuguesa, belga, mexicana, irakí, etc.). Existen dos tipos de nacionalidad: originaria y por residencia.

Nacionalidad originaria es aquella que la persona adquiere desde su nacimiento. Son españoles de origen: 1) Los nacidos de padre o madre españoles; 2) Los nacidos en España, cuando sean hijos de padres extranjeros, si uno de sus padres ha nacido también en España (excepto en el caso de los hijos de diplomáticos); 3) Los nacidos en España de padres extranjeros si ambos carecen de nacionalidad (apátridas) o si la legislación de éstos no atribuye ninguna nacionalidad al niño; 4) Los nacidos en España si se desconoce quiénes han sido sus padres. Se presumen nacidos en el territorio español a los menores de edad cuyo primer lugar de estancia conocido sea el territorio español.

La **nacionalidad por residencia** la pueden solicitar: 1) Cualquier ciudadano extranjero que haya residido en España durante un tiempo determinado. Para la concesión de la nacionalidad por residencia es necesario que ésta haya sido legal y de forma continuada y haya durado, al menos, 10 años; 2) En el caso de las personas que hayan obtenido asilo o refugio será suficiente el transcurso de 5 años y se exigirán 2 años en el caso de nacionales de países iberoamericanos, Andorra, Filipinas, Guinea Ecuatorial, Portugal o los sefardíes; 3) El periodo de residencia se reducirá en algunos casos.

La **vecindad civil** se adquiere: 1) Por residencia continuada durante dos años, siempre que el interesado manifieste ser ésa su voluntad; 2) Por residencia continuada de diez años, sin declaración en contrario durante este plazo. Ambas declaraciones se harán constar en el Registro Civil y no necesitan ser reiteradas. En caso de duda prevalecerá la vecindad civil que corresponda al lugar de nacimiento.

7. La patria potestad

La patria potestad es el conjunto de derechos que la ley reconoce a los padres sobre las personas y bienes de sus hijos mientras éstos son menores de edad o están incapacitados, con el objetivo de permitir a aquellos el cumplimiento de los deberes que tienen de sostenimiento y educación de éstos.

La reducción del poder de los padres viene establecida por las legislaciones, pues la función de la patria potestad tiene como límite el interés superior de los hijos y su beneficio, quedando en manos de los poderes públicos la posibilidad de que, velando por los intereses del menor, priven de la patria potestad a los progenitores.

8. La tutela y la curatela

La **tutela** es una institución jurídica que tiene por objeto la guarda de la persona y sus bienes, o solamente de los bienes o de la persona, de quien, no estando bajo la patria potestad, es incapaz de gobernarse por sí mismo por ser menor de edad o estar declarado como incapacitado. Estarán sujetos a tutela:

1. Los menores no emancipados que no estén bajo la patria potestad.
2. Los incapacitados, cuando la sentencia lo haya establecido.
3. Los sujetos a la patria potestad prorrogada, al cesar ésta, salvo que proceda la curatela.
4. Los menores que se hallen en situación de desamparo.

El **curador** es una figura que aparece en el Derecho de familia. Se trata de una persona que aconseja a un menor o a un incapacitado en ciertas situaciones que requieren una protección de menor entidad que la tutela. La protección del curador es mucho menor que la del tutor y supone una mucho menor limitación para el sometido a curatela. Si bien se entiende que alguien sometido a tutela no tiene capacidad de obrar, alguien sometido a curatela sí la tiene, pero limitada en ciertos aspectos definidos por la Ley o por un juez. Por ello, un curador sólo debe intervenir aconsejando al menor o al incapacitado, mientras que el tutor actúa en nombre y por cuenta del tutelado.

El ámbito de intervención del curador puede estar limitada a ciertos aspectos de la gestión del patrimonio (como por ejemplo, compraventa de bienes inmuebles), mientras que el tutor gestiona todo el patrimonio en general. Están sujetos a curatela:

1. Los emancipados cuyos padres fallecieren o quedaran impedidos para el ejercicio de la asistencia prevenida por la Ley.
2. Los que obtuvieren el beneficio de la mayor edad.
3. Los declarados pródigos.

Fuente: http://es.wikipedia.org (2007)

¿Cómo funciona nuestro Registro Civil?

1. ¿Cuántas secciones hay en el Registro Civil?

- La primera, de Nacimientos y general;
- La segunda, Matrimonios;
- La tercera, Defunciones;
- La cuarta, Tutelas y representaciones legales.

2. ¿En qué sección se inscribe una sentencia de divorcio? ¿Es una inscripción principal o marginal?

En la de matrimonio, como nota marginal.

3. ¿Qué tiene carácter probatorio, las inscripciones o las anotaciones?

Las inscripciones gozan de la presunción de exactitud y por ello suponen títulos legitimadores del estado civil. El Registro constituye la prueba de los hechos inscritos, es el lugar al que acudir para probar cualquier hecho que afecte al estado civil. Las anotaciones no tienen carácter probatorio.

4. ¿Dónde se registra el nacimiento de un español nacido en el extranjero?

En un Registro Consular.

5. ¿Qué legislación regula el Registro Civil? ¿En qué dirección de Internet se puede consultar esta legislación?

* Ley de 8 de junio de 1957, sobre el Registro Civil.
* Decreto de 14 de noviembre de 1958, por el que se aprueba el Reglamento de la Ley del Registro Civil.
* Real Decreto 644/1990, de 18 de mayo sobre normas relativas al Registro Civil Central.
* Resolución-Circular de 31 de octubre de 2005 en materia de adopciones internacionales.
* Instrucción de 28 de febrero de 2006, de la Dirección General de los Registros y del Notariado.

6. ¿Para qué sirven las notas marginales?

Son notas que aparecen junto a las inscripciones para indicar una modificación en el estado civil: adopciones, alteraciones de la patria potestad, matrimonios, capitulaciones matrimoniales, cambios de nombre, divorcios.

7. ¿Quién puede consultar el Registro Civil?

Cualquier persona que lo solicite. Es un registro público, pero existen ciertas restricciones.

5. CREACIÓN DE UN CORPUS Y UN GLOSARIO DE DOCUMENTOS DE REGISTRO CIVIL ESPAÑOLES E INGLESES

Con esta actividad se pretende iniciar al estudiante en el «coleccionismo» de textos jurídicos. Puede encontrar documentos de este tipo en Internet buscándolos como imágenes. En el momento de redactar este manual era posible encontrar documentos de Registro Civil en español procedentes de distintos países sudamericanos, pero resultaba difícil encontrar textos de España.

Otra idea para conseguir textos es solicitar por vía telemática al Ministerio de Justicia la propia partida de nacimiento. También es interesante visitar el Registro Civil de tu ciudad.

A continuación recogemos un listado de los certificados que emite el Registro Civil español. Hay que señalar que dentro de cada tipo hay distintas variantes. El certificado de nacimiento, por ejemplo, puede ser en extracto o literal. Puede ser ordinario (expedido en lengua castellana), bilingüe (en las Comunidades Autónomas con dos lenguas oficiales) o plurilingüe. Las certificaciones pueden ser positivas o negativas, en este último caso acreditan que la persona no está inscrita en ese Registro.

Recopilación de un corpus de documentos de Registro Civil

- Certificado de Nacimiento
- Certificado de Matrimonio
- Certificado de Defunción
- Inscripción de Nacimiento
- Inscripción de Matrimonio
- Inscripción de Defunción
- Certificado de fe de vida y estado
- Cambio de nombre y apellidos
- Rectificación registral del sexo

6. COMPRENSIÓN DE DOCUMENTOS DE REGISTRO CIVIL INGLESES

Comprensión de textos legislativos e impresos oficiales

1. ¿Qué sucede si los padres no dan un nombre propio al niño?

El encargado del Registro sólo anotará el apellido precedido por una línea horizontal.

2. ¿Cuál es el plazo máximo permitido entre el nacimiento del niño y su inscripción?

Tres meses.

3. Si nacen varios niños a la vez, ¿en todos los casos debe el encargado del Registro informar sobre la hora del nacimiento?

Sí. Sólo es necesario informar sobre la hora, si nace más de un niño en el parto.

4. ¿Cuándo se pueden dejar en blanco los espacios 5 y 6 del formulario?

- Cuando el nombre del padre no conste en el apartado 4.
- Si hubiera fallecido con anterioridad a la fecha del parto, en el apartado 5 se indicará «fallecido». Si hubiera cambiado de trabajo con posterioridad a la fecha del parto, en el apartado 6 añadirá la palabra «en la actualidad» junto a la ocupación.

5. ¿Qué apellido debe figurar en el apartado 9 (b) si la madre ha contraído matrimonio varias veces?

El apellido que tenía antes de contraer su último matrimonio. Si es el mismo que el que aparece en el espacio 9(a), en el 9(b) se hará una línea horizontal.

6. ¿Puede el encargado del Registro rellenar el apartado 14 antes de cumplimentar el resto de datos?

No.

7. PROBLEMAS EN LA TRADUCCIÓN DE DOCUMENTOS DE REGISTRO CIVIL INGLÉS-ESPAÑOL: ASIMETRÍA CONCEPTUAL Y DOCUMENTAL

Referencias extratextuales y culturales en los documentos registrales

1. Investiga cuál es la distribución geográfica de los Registros en el Reino Unido y en España.

En España el Registro Civil se compone de:

- Los Registros Municipales, a cargo del juez de primera instancia. En las ciudades grandes puede haber más de uno y varios pueblos pequeños pueden compartir un único Registro.
- Los Registros Consulares, a cargo de los cónsules de España en el extranjero.
- El Registro Central, a cargo de dos magistrados, asistidos de otros tantos secretarios judiciales.

En Inglaterra el Registro Civil se compone de:

- *General Register Office* (http://www.gro.gov.uk/gro/content/)
- *Local Register Offices.* En Londres, hay uno en cada *Borough* (que correspondería a los *Districts*). En el resto del país, se reparten por condado, distrito y subdistrito. Generalmente hay uno en cada ciudad, pero los pueblos pequeños pueden compartir uno para todo el distrito o condado.
- También funcionan como registros en el extranjero los consulados británicos.

2. Busca el significado del concepto *Registration district* y reflexiona sobre la expresión española con la que se correspondería.

Para entender el concepto investigamos a qué se refiere la división administrativa de *district*. Más abajo reproducimos la información que aparece en Wikipedia al respecto. Observamos que los *counties* se dividen en *districts* y que no existe una división equivalente en el sistema español. Sin embargo la distribución de oficinas de registro en uno y otro país es bastante similar (varias en las ciudades grandes y oficinas compartidas para pueblos pequeños).

En los documentos de Registro Civil británicos, la expresión *Registration district* sólo sirve para indicar a qué zona administrativa pertenece la oficina local de registro. Por tanto, proponemos traducirlos como *Distrito de registro*, ya que en español esta expresión denota la pertenencia a una zona administrativa y al mismo tiempo no indica una división propia del sistema español y remite a la realidad británica.

For the purposes of local government, England is divided into as many as four levels of administrative divisions. At some levels, various legislation has created alternative types of administrative division:
- Regional level
- District level
    - Metropolitan district
    - Non-metropolitan district
- Parish level

- Exceptions
  - London boroughs
  - City of London
  - Inner and Middle Temples

Fuente: Wikipedia, 2007

3. ¿Puede un traductor que conozca el inglés pero no el galés traducir el *Certificate of Birth* bilingüe que aparece a continuación?

Sí, puesto que se trata de un documento bilingüe que presenta el mismo contenido en las dos lenguas.

4. ¿Debería traducirlo a dos lenguas distintas puesto que aparece redactado en dos lenguas en el original?

No. El procedimiento sería traducir únicamente al español e indicar en nota al pie que el original es un documento bilingüe inglés-galés para que al lector no le parezca extraño la reducción de la extensión del texto.

5. ¿Habría que traducir el sello que reza «*We hereby certify that this is a...*»? Si es así, ¿dónde lo colocaríamos en la traducción?

Sí, en este tipo de traducciones se debe traducir todo lo que aparece en el original y no añadir nada. En cuanto a la ubicación de la traducción de los sellos, intentaremos situarlos en un lugar similar al original, si el formato del documento nos lo permite. Si resulta muy complicado, podemos añadir la traducción de todos los sellos al final del texto principal.

6. En el borde superior derecho aparece la expresión «YT 618667», ¿cómo debemos hacerla constar en la traducción? ¿Podríamos eliminarla?

No debemos eliminarla, la reproduciremos tal cual.

La investigación de los términos específicos de los documentos registrales

 Este texto pone de manifiesto la necesidad de documentarse adecuadamente para establecer las equivalencias del glosario, pues puedes encontrar falsos amigos, o términos que no existen en el ordenamiento jurídico del idioma de llegada. Con esta lectura se pretende que el alumno observe la pluralidad de significados que puede tener el término *Registrar*. Para los textos que nos ocupan en esta unidad, deberíamos fijarnos en el significado que tiene el término en el primer apartado *Government Registry*. Como conclusión, podríamos afirmar que no debería traducirse por el término español *registrador* (en este caso sería un «falso amigo»), sino más bien por *encargado del Registro* o *responsable del Registro*.

Problemas de traducción habituales en los documentos registrales

Instituciones oficiales	1. Mantener el original en cursiva, «*Vital Statistics Office*». 2. Mantener el original en cursiva y añadir entre paréntesis «Oficina de registro». 3. Traducir por «Oficina de registro» y al lado, entre paréntesis y en cursiva, añadir *Vital Statistics Office*. 4. Traducir por «Oficina de registro». La primera solución tiene el problema de que deja sin información al lector que no entiende nada en absoluto el inglés. La tercera y la cuarta son igualmente recomendables, depende del estilo del traductor, pero en un documento deberá adoptar siempre el mismo procedimiento. La última solución es poco recomendable, pues en caso de tener que localizar el organismo a partir del documento traducido podría resultar difícil.
Nombres propios y topónimos	Mantener el original excepto en el caso de topónimos con una traducción acuñada (por ejemplo *London*/Londres).
Direcciones	Mantener el original.
Siglas y abreviaturas	Investigar su significado, pero si no se encuentra una solución absolutamente segura, mantener el original. Las mismas siglas pueden tener varios significados distintos y podemos cometer errores de traducción graves.
Cargos institucionales	1. Mantener el original. 2. Mantener el original y añadir entre paréntesis «encargado del Registro». 3. Traducir por «encargado del Registro».
Fraseología	«...certifico que los datos que constan en este documento han sido extraídos de un asiento que figura en un Registro que se halla bajo mi custodia». Sería sintácticamente incorrecto: «...de un asiento en el Registro en mi custodia»)
Existencia de errores en el original	Se reproducirían tal como aparecen en el original, manteniendo los errores (o lo que a nuestro entender son errores). En estos casos es conveniente informar al cliente de esta circunstancia.
Fragmentos ilegibles	En el lugar que aparecen escribiremos [ilegible].

Abundancia de sellos, algunos con leyendas extensas	Hay dos opciones: 1. Indicar [sello] en los lugares donde aparecen sin traducir su contenido. Esta solución se puede adoptar cuando existe la seguridad de que la traducción se va a presentar junto con el original o cuando el contenido de los sellos no es demasiado relevante. 2. Traducir la leyenda de los sellos, [sello que reza: Departamento...]. Esta segunda opción es la más «segura».
Apartados de formularios que no han sido completados	Hay dos opciones: 1. Suprimirlo por entender que si no hay datos del interesado, no reporta información relevante. 2. Traducir el epígrafe de todos modos, aunque no haya sido completado con datos. Esta segunda opción es la más «segura».

8. ¿TRADUCIR O ADAPTAR?

El uso y el «abuso» de los documentos paralelos

1. ¿Qué proceso de traducción ha seguido el traductor?

Ha tomado un certificado de nacimiento español como base y ha completado los huecos con los datos de un certificado inglés.

2. ¿Consideras que se ha documentado bien?

Sí, pues ha conseguido un documento paralelo en lengua de llegada que se corresponde casi exactamente con el que debe traducir.

3. ¿Ha utilizado correctamente las fuentes de documentación encontradas?

No, en lugar de utilizar el documento paralelo para observar la terminología y fraseología ha copiado totalmente su estructura.

4. ¿Crees que la traducción es aceptable si el encargo consiste en traducir el documento para presentarlo en un Registro español?

No, en absoluto. En cierto modo, se está falseando la realidad porque se está intentando hacer pasar un documento expedido por un Registro del Reino Unido por un documento expedido por un Registro español.

5. En caso de que hayas respondido negativamente a la pregunta anterior, inventa un encargo al que crees que podría responder

Podría tratarse de un encargo de la Administración central española que deseara adaptar sus certificaciones a los contenidos que certifican los Registros británicos para crear unos nuevos modelos de certificación. Esta situación es harto improbable, por no decir absolutamente imposible.

6. Propón una traducción alternativa

Proponemos una traducción que respeta el formato del original para que no pueda existir ninguna duda sobre su procedencia. De este modo, nadie pensará que se trata de un certificado de nacimiento expedido por las autoridades españolas. Debe quedar claro que se trata de un documento de Registro británico que ha sido expedido por las autoridades británicas; en este caso, por un Registro Consular. Aunque haya sido expedido en Madrid, se trata de una autoridad británica y, por tanto, el documento se considera británico.

Propuesta de traducción *Birth Certificate* (Consulado británico en Madrid)

Traducción del original en idioma inglés

NACIMIENTO inscrito en el distrito de Cónsul General Británico de Madrid	ASIENTO N.º 295

<table>
<tr><td colspan="2" align="center">NIÑO</td></tr>
<tr><td colspan="2">1. Fecha y lugar de nacimiento
Diecinueve de marzo de 1989
Hospital Materno Infantil Virgen de las Nieves, Granada.</td></tr>
<tr><td colspan="2">2. Nombre y apellidos
　　Peter Peiró Higgins</td></tr>
<tr><td>3. Sexo
　Varón</td><td>4. Nacionalidad
　S2 (1) (a) British Nationality Act 1981 (Ley de Nacionalidad Británica de 1981)</td></tr>
<tr><td>5. Nombre y apellidos
　　Luis Peiró Bonet</td><td align="center">PADRE</td></tr>
<tr><td>6. Fecha y lugar de nacimiento
Veintitrés de enero 1963
España</td><td>7. Profesión
　Profesor</td></tr>
<tr><td></td><td>8. Nacionalidad
　-----------------------------</td></tr>
<tr><td colspan="2">9. Nombre y apellidos　　　　MADRE
　　Anne Higgins esposa de Luis Peiró Bonet</td></tr>
<tr><td>10. Apellido de soltera
　Higgins</td><td>11. Apellido de casada (si difiere del de soltera)
　-------------------</td></tr>
<tr><td>12. Fecha y lugar de nacimiento
Cuatro de septiembre de 1959
Coleraine, Irlanda del Norte</td><td>13. Profesión
　Profesora universitaria</td></tr>
<tr><td></td><td>14. Nacionalidad
　S11 (1) Ley de la Nacionalidad Británica (British Nationality Act) de 1981</td></tr>
<tr><td align="center">DECLARANTE
15. Nombre y apellidos
　Anne Higgins</td><td>16. Relación con el recién nacido:
　Madre</td></tr>
<tr><td colspan="2">17. Dirección postal
　Calle Rosa 5, 3º, Granada.</td></tr>
<tr><td>18. Fecha de la inscripción
　10 de julio de 1989</td><td>19. Firma del encargado del Registro
　M J Anderson</td></tr>
<tr><td colspan="2" align="center">NOTAS MARGINALES
No constan.</td></tr>
</table>

Yo, Michael John Anderson, encargado del Registro de Madrid, certifico que la presente es copia fiel de una inscripción que figura en el registro que se halla bajo mi custodia.

Y para que así conste firmo y sello el presente documento a diez de julio de 1989.

　　　　　　　　　　　　　　　　　　　[Firma]
　　　　　　　　　　　　　　　　　　　_____
　　　　　　　　　　　　　　　　　　　Encargado del Registro

Fin de la traduccción

Fidelidad jurídica *versus* fidelidad lingüística

Las respuestas a este cuestionario están totalmente abiertas al debate. Aquí recogemos nuestra opinión al respecto.

 1. ¿Qué traducción es la más adecuada?

La *c*.

2. ¿Su adecuación está en función del encargo?

Sí.

3. ¿En qué caso el traductor es infiel al original?

En la *a*.

4. ¿En qué caso el traductor traduce teniendo en cuenta la validez jurídica y el uso que se le va a dar al documento final?

En la *c*.

5. ¿Qué traducción tiende a la adaptación (apropiación)? ¿Y a la extranjerización?

La *a* y la *c* tienden a la adaptación (la *a*, de forma excesiva). La *b* tiende a la extranjerización.

6. ¿Qué tipo de traducción crees que es la que espera leer un funcionario español?

La *b*.

7. ¿Qué traducción facilita la comprensión del destinatario principal, en este caso, el funcionario del Registro?

La *c*.

9. PRÁCTICAS DE TRADUCCIÓN INGLÉS-ESPAÑOL DE DOCUMENTOS DE REGISTRO CIVIL

Propuesta de traducción del texto Marriage certificate (Reino Unido)

Traducción de una fotocopia en idioma inglés

[ilegible]

COPIA CERTIFICADA DE INSCRIPCIÓN DE MATRIMONIO
de conformidad con la *Ley británica de matrimonios (Marriage Act 1949)*

WF 182374

M.Cert
R.B.D.&M.

Los derechos de expedición de este certificado son de 5c.

Distrito de registro de Bedford

1982. matrimonio formalizado en la Oficina del Registro Civil del distrito de Bedford, Condado de Bedfordshire

Nº	Fecha	Nombre y apellidos	Edad	Estado civil	Profesión	Domicilio	Nombre y apellidos del padre	Profesión del padre
Columnas:-	1	2	3	4	5	6	7	8
28	Ocho de abril de 1982	[ilegible]	25 años	Soltero	Investigador científico	18 Gilwell Close [ilegible]	Chandra (fallecido)	Periodista
		[ilegible]	23 años	Soltera	Maestra	18 Gilwell Close [ilegible]'d	John [ilegible]	Director de banco

Matrimonio celebrado y certificado ante mí en el Registro Civil.

D. L. Majar - Responsable del Registro
[ilegible] - Encargado adjunto del Registro

Contrayentes

Testigos

Yo, [ilegible], ... encargado adjunto del Registro Civil del distrito de Bedford, Condado de Bedfordshire, certifico que la presente es una copia fiel del asiento número 28 del Libro de Matrimonios de dicho Registro que se encuentra bajo mi custodia.

AVISO: Cualquier persona que (1) falsifique alguno de los datos que constan en este certificado, o (2) utilice como verdadero un certificado falso, a sabiendas de su falsedad, podrá ser procesado

Y para que así conste firmo el presente documento el día 8 de abril de 1982.
Encargado adjunto del Registro
[ilegible]

Fin de la traducción

Propuesta de traducción del texto *Birth certificate* (Boston, EE.UU.)

Traducción del original en idioma inglés

Certificado N.º 050782

Reg.7

II

OFICINA DE REGISTRO DE LA CIUDAD DE BOSTON
(REGISTRY DIVISION, CITY OF BOSTON)

CONDADO DE SUFFOLK, COMMONWEALTH DE MASSACHUSETTS, ESTADOS UNIDOS DE AMÉRICA

COPIA CERTIFICADA DE UN ASIENTO DE **NACIMIENTO** QUE FIGURA EN EL REGISTRO LOCAL

Por la presente certifico que ostento el cargo de [ilegible] encargado del Registro de la ciudad de Boston y que tengo bajo mi custodia los libros de registro de nacimientos, matrimonios y defunciones previstos por la ley. Asimismo certifico que los datos que a continuación se relacionan figuran en dichos registros.

N.º 358   *Fecha de nacimiento* 14 de febrero 1970   *Nombre del niño* Deborah ▮

Sexo	[ilegible]	Nombre, apellidos y lugar de nacimiento del padre	Nombre, apellidos y lugar de nacimiento de la madre
MUJER		John ▮ Boston, Ma.	Sally ▮ [ilegible], NY
	Lugar de nacimiento Boston Ma.	Domicilio de los padres "Natick" Ma.	
	Ocupación del padre Jefe de ventas	Nombre y dirección del declarante H. Rubin MA.	[sello]
	Fecha de la inscripción 24 de febrero de 1970		

Asimismo certifico que también se hallan bajo la custodia del registro de Boston los archivos de las siguientes ciudades y poblaciones:

Y para que así conste firmo y sello el presente certificado con sello del registro de la ciudad a 16 de noviembre de 1993

[firma] Encargado del Registro de la ciudad

	ANEXIONADA		ANEXIONADA
BOSTON ESTE	1637	CHARLESTOWN	1874
BOSTON SUR	1804	BRIGHTON	1874
ROXBURY	1868	ROXBURY OESTE	1874
DORCHESTER	1870	HYDE PARK	1912
Fecha de la enmienda			

Fin de la traducción

Propuesta de traducción del texto *Certificate of no impediment to marriage* (Reino Unido)

Traducción del original en idioma inglés

CERTIFICADO DE NO EXISTENCIA DE IMPEDIMENTO PARA CONTRAER MATRIMONIO EXPEDIDO POR EL ENCARGADO EL REGISTRO CIVIL CON ARREGLO A LA *FOREIGNERS ACT 1906* (Ley británica de extranjería de 1906)

Nombre y apellido (1)	Edad (2)	Estado civil (3)	Profesión (4)	Lugar de residencia (5)	Período de residencia (6)	Localidad en la que se celebrará el matrimonio (7)	Nacionalidad, distrito y país de residencia (8)
██████	24 años	Soltero	Administrador de pensiones	█████████	Más de un mes	Anserma Nuevo, Colombia	Británica
							Colombia
█████	28 años	Soltera	Enfermera diplomada	██████████	Más de un mes	Enfield	Colombiana
							Colombia

Yo, S.A. Rogers, encargado adjunto del Registro del distrito de Enfield, por la presente certifico que el día 25 de agosto de 2005 don ██████ informó de su intención de contraer matrimonio con la persona cuyos datos figuran en este documento y que esta información ha sido debidamente inscrita en el Libro de Notificaciones de Matrimonio de dicho distrito.

Asimismo, certifico que la expedición de este certificado no ha sido desautorizada por persona alguna que pudiera tener derecho a hacerlo y no se me ha comunicado que exista ningún impedimento para que se celebre el matrimonio previsto.

Fin de la traducción

Propuesta de traducción del texto *Certified Abstract of Marriage* (EE.UU.)

Traducción del original en idioma inglés

CERTIFICADO DE REGISTRO CIVIL

CONDADO DE CLARK, NEVADA

CERTIFICACIÓN EN EXTRACTO DE UNA INSCRIPCIÓN DE MATRIMONIO

NOVIO: John Harrold

NOVIA: Mary Patterson

FECHA DE MATRIMONIO: 16 de septiembre de 2001

INSCRIPCIÓN EN REGISTRO: 19 de septiembre de 2001   *LIBRO:* 20010919   *INSTRUMENTO:* ▮

APLICACIÓN: D 35809

Certifico que el presente documento es una certificación en extracto del asiento de matrimonio que figura en la Oficina de Registro del Condado de Clark, Nevada.

[firma]

Frances Deane

Registrador del Condado de Clark

Fecha de expedición: 21-09-2005

RNL

[Sello: Clark County, Nevada]

Esta copia no será válida si no aparece impresa en papel *Safeimage* y con el sello del responsable del Registro del Condado de Clark.

[Sello: C436447] Nevada]

Fin de la traducción

10. REVISIÓN DE PROPUESTAS DE TRADUCCIÓN PARA LOS DOCUMENTOS DE REGISTRO CIVIL

Errores detectados en la propuesta de traducción de *Certificate of Death* (Reino Unido)

1. Se ha añadido al principio «Copia certificada de una entrada» que no aparecía en la fotocopia que se le proporcionó al traductor. (Ad). Además, en lugar del término «entrada» sería más adecuado «asiento» o «inscripción» (Lex).

2. Se ha dejado el nombre de la ley en inglés: habría que marcarlo con cursiva (Sem).

3. Provincia y municipio: Se ha hecho una traducción que asimila conceptos que no son equivalentes. Preferimos aquí utilizar términos formalmente similares al inglés, Distrito de registro y Subdistrito (Sem).

4. En lugar de «muerte»: sería más adecuado «defunción».

5. «Residencia de enfermos Phyllis Tuckwell, Farnham»: El nombre de la residencia no se traduciría, se conservaría en inglés y sin marcarlo con cursiva por ser un nombre propio (Sem).

6. «Hembra»: actualmente se prefiere el término «mujer» (Lex/Sem).

7. En el apartado 5, la fecha aparece incorrecta, se ha suprimido el día del mes, 28, y el mes aparece en mayúscula (Enero), cuando debería aparecer en minúscula (enero) (Or).

8. La profesión del marido se ha traducido incorrectamente (Fs).

9. En el apartado 7 (b) sería más correcto traducir el término *«Qualification»* por «relación» o «parentesco» (Lex).

10. En el apartado 7 (c) sería más correcto traducir el término *«Usual address»* por «domicilio habitual» (Lex).

11. En el apartado 9 se podría mejorar la traducción: «Certifico que, a mi leal saber y entender, los datos que figuran en el presente documento son exactos» (E).

12. No se debería traducir *«Registrar»* por «registrador», se trata de un falso amigo. (No mismo sentido, Nm)

13. La frase: «Certifico que es una copia auténtica de una entrada del Registro en mi custodia» es sintácticamente incorrecta. Una traducción correcta podría ser: «Certifico que es copia auténtica de un asiento que consta en un Registro que se halla bajo mi custodia» (Sin).

Errores detectados en la propuesta de traducción CON ERRORES de *Certificate of Birth* (Pakistán)

1. Se ha cambiado el formato de la tabla y se han convertido las filas del original en columnas y viceversa. Aunque no se podría calificar de error de traducción, sería más conveniente respetar la disposición del original para facilitar la lectura.

2. La primera columna es ilegible y, sin embargo, se ha traducido de forma parcial suprimiendo una fecha que se ve claramente, 1969. Hubiera sido mejor indicar en toda la columna [ilegible].

3. En el apartado 13, una traducción más adecuada del término «*Informant*» sería «informante» o «declarante» (Lex).

4. Este documento presenta una dificultad añadida por el gran número de sellos y pólizas que lleva. La solución adoptada por el traductor aquí es bastante aceptable, ha reproducido los más importantes y ha indicado «pólizas» para informar sobre la presencia del resto de elementos.

Errores detectados en la propuesta de traducción CON ERRORES de *Certified copy of an entry of birth* (Reino Unido)

1. Se ha suprimido el número que aparece en la esquina superior derecha: BT841681 (O).
2. En el apartado 12 sería más correcto traducir el término «*Qualification*» por «relación» o «parentesco» (Lex).
3. En el apartado 16 traduce un mismo término con dos palabras distintas en español (E/Lex).
4. En el apartado 17 una traducción más adecuada sería: «Nombre dado con posterioridad a la inscripción y apellido» (E).

11. PRÁCTICAS DE TRADUCCIÓN ESPAÑOL-INGLÉS DE DOCUMENTOS DE REGISTRO CIVIL

Propuesta de traducción del texto «Certificado de empadronamiento»

Translation into English from the original text in Spanish

1/1

VALENCIA CITY COUNCIL

I FRANCISCO JAVIER VILA BIOSCA

acting in the capacity of Superintendent Registrar of Valencia City Council

HEREBY CERTIFY:

That the following records appear on the current Municipal Register of this city, on folio AI29-06-2006, district **4**, section **6**, corresponding to street:

██████████:

Full Name *Place of Birth*	Sex	Date of Birth
██████████ (UNITED STATES OF AMERICA)	F	01-02-
██████████ MADRID (MADRID)	M	09-11-

In witness whereof and in the exercise of the power provided for under section 61 of Royal Decree 2612/96 of 20 December 1996 amending the Regulations concerning Population and Territorial Demarcation of Local Authorities (Official State Gazette (BOE) 16-1-97), I issue this certification which, by order of and as approved by the Mayor's Office, I sign in Valencia on 29/06/2006 for the purposes of:

COMMUNITY RESIDENCE-WORK PERMIT. REGISTRATION ON MUNICIPAL REGISTER: 29-6-06

Valencia 29-06-2006

THE CITY COUNCIL COMMISSIONER FOR THE MODERNIZATION OF THE ADMINISTRATION
[signature]

THE REGISTRAR

[signature]

VICENTE IGUAL ALANDETE BIOSCA
[bar code]

FRANCISCO   JAVIER   VILA

[bar code]

[Vertical text in left-hand margin: The Head of the Administrative Unit]

End of translation

* **The original document is a bilingual text Spanish/Catalan**

Propuesta de traducción del texto «Fe de vida y estado»

Translation into English from the original text in Spanish

SPAIN. MINISTRY OF JUSTICE. REGISTER OF BIRTHS AND DEATHS OFFICES.

Series C No. 1992

CERTIFICATE OF PERSONAL DATA AND MARITAL STATUS

Register Office of   EL PALAU DE ANGLESOLA

Certificate of personal data and marital status

The undersigned, Registrar of this Register Office, HEREBY CERTIFIES that in accordance with article 364 of the Regulations of the Civil Registry, it is declared as presumption that
Mr ███████████████████████
son of ███ and ████████████, born in Lleida on the 29th day of March 19 , of El Palau de Anglesola, is alive on the date hereof and his civil status is single.

Certificate issued at the request of the applicant, in El Palau de Anglesola, on the 9th day of May 19 .

[Seal]

Signature of the Registrar
[Signature]   [Signature]

Official form, pursuant to Ministerial Order (M.O. of 20.7.89)

No fee is chargeable for this certificate (Act 25/1986, of the 24th of December)

End of translation

* The original document is a bilingual text Spanish/Catalan

12. TRADUCCIÓN DE CERTIFICADOS DE PENALES

Propuesta de traducción del texto «Certificado de penales nigeriano»

Traducción jurada al español del original en lengua inglesa

[Papel con filigrana en la que se lee "Certificado de antecedentes penales".]

CUERPO DE POLICÍA DE NIGERIA

CONFIDENCIAL

Referencia n.º CY:2410████████5%196
14 de septiembre de 2006

CERTIFICADO DE ANTECEDENTES PENALES

El abajo firmante certifica que según consta en el Registro de Antecedentes Penales del Cuerpo de Policía de Nigeria no existe ninguna inscripción relativa a ....████████████████, con pasaporte NIGERIANO número ..████████, expedido en LAGOS el 6/1/04.

Este certificado tiene una validez de tres meses y se expide con motivo del viaje a ....ESPAÑA de su titular.

[Firma]
(E. DUMBIRI) Comisario adjunto
SECRETARIO DEL REGISTRO CENTRAL
P.o.: Director del Departamento "D" de la Policía de Nigeria
P.o.: Director General del Cuerpo de Policía de Nigeria

[Consta sello del Registro Central, Lagos]

Fin de la traducción

13. TRADUCCIÓN DE DOCUMENTOS NOTARIALES

Propuesta de traducción de «Certificación de firma»

A QUIEN CORRESPONDA:

Yo ███████ ███████, notario público de la ciudad de Londres debidamente habilitado y juramentado por autoridad real, por la presente certifico la autenticidad de la firma de ███,
que aparece suscrita al pie del poder adjunto, siendo dicha firma del puño y letra del susodicho
███, Director del Departamento de la Propiedad Intelectual de la Agencia de Investigación para la Defensa de la Secretaría de Estado para la Defensa del Gobierno de su Majestad del Reino Unido de Gran Bretaña e Irlanda del Norte, hallándose dicho funcionario debidamente autorizado para firmar en nombre de la citada Secretaría de Estado en virtud del nombramiento de fecha del 19 de julio de 1991, el cual me ha sido exhibido en este acto;

Asimismo certifico que la mencionada Secretaría de Estado es una entidad jurídica unipersonal que se rige por la leyes del Reino Unido de Gran Bretaña e Irlanda del Norte en virtud de la Ley británica sobre defensa (*Defence [Transfer of Functions] Act, 1964*), una copia de la cual, publicada por el servicio de publicaciones de su Majestad (*Her Majesty Stationery Office)* me ha sido mostrada;

También certifico que el domicilio legal de la mencionada Secretaría de Estado se halla en Whitehall, Londres SW1A 2HB, Inglaterra, y que dicha Secretaría de Estado tiene autoridad para nombrar cargos y otorgar poderes;

Finalmente certifico la autenticidad de las firmas de ███████ y ███████, que han suscrito el mencionado poder como testigos, siendo tales firmas auténticas y de su puño y letra.

Y para que así conste, firmo y sello el presente documento a veinticuatro de octubre de mil novecientos noventa y cinco

---

Fin de la traducción

> **Doña Marina Malinche, Intérprete Jurado de inglés, certifica que la que antecede es traducción fiel y completa al español de un documento redactado en inglés.**
> **En Valencia a**

Propuesta de traducción de «Declaración jurada»

Traducción jurada del original en lengua inglesa

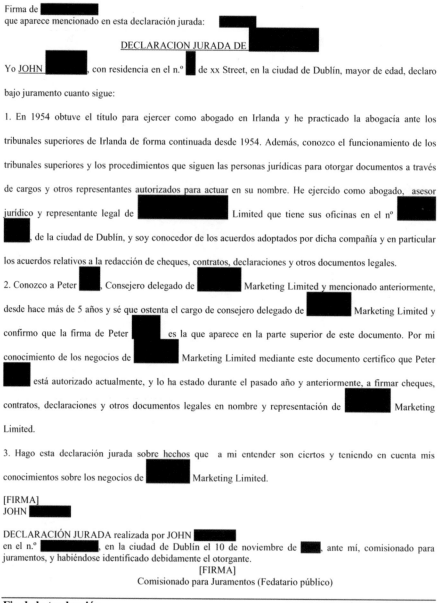

Firma de ▉
que aparece mencionado en esta declaración jurada:

DECLARACION JURADA DE ▉

Yo JOHN ▉, con residencia en el n.º ▉ de xx Street, en la ciudad de Dublín, mayor de edad, declaro bajo juramento cuanto sigue:

1. En 1954 obtuve el título para ejercer como abogado en Irlanda y he practicado la abogacía ante los tribunales superiores de Irlanda de forma continuada desde 1954. Además, conozco el funcionamiento de los tribunales superiores y los procedimientos que siguen las personas jurídicas para otorgar documentos a través de cargos y otros representantes autorizados para actuar en su nombre. He ejercido como abogado, asesor jurídico y representante legal de ▉ Limited que tiene sus oficinas en el nº ▉, de la ciudad de Dublín, y soy conocedor de los acuerdos adoptados por dicha compañía y en particular los acuerdos relativos a la redacción de cheques, contratos, declaraciones y otros documentos legales.

2. Conozco a Peter ▉, Consejero delegado de ▉ Marketing Limited y mencionado anteriormente, desde hace más de 5 años y sé que ostenta el cargo de consejero delegado de ▉ Marketing Limited y confirmo que la firma de Peter ▉ es la que aparece en la parte superior de este documento. Por mi conocimiento de los negocios de ▉ Marketing Limited mediante este documento certifico que Peter ▉ está autorizado actualmente, y lo ha estado durante el pasado año y anteriormente, a firmar cheques, contratos, declaraciones y otros documentos legales en nombre y representación de ▉ Marketing Limited.

3. Hago esta declaración jurada sobre hechos que a mi entender son ciertos y teniendo en cuenta mis conocimientos sobre los negocios de ▉ Marketing Limited.

[FIRMA]
JOHN ▉

DECLARACIÓN JURADA realizada por JOHN ▉
en el n.º ▉, en la ciudad de Dublín el 10 de noviembre de ▉, ante mí, comisionado para juramentos, y habiéndose identificado debidamente el otorgante.

[FIRMA]
Comisionado para Juramentos (Fedatario público)

Fin de la traducción

Doña Marina Malinche, Intérprete Jurado de inglés, certifica que la que antecede es traducción fiel y completa al español de un documento redactado en inglés.
En Valencia a 10 de mayo de

Propuesta de retraducción al español de compulsa notarial que había sido traducida al inglés

> ANTONIO DE LA PEÑA
> NOTARIO
> Correos 10, entlo
> Teléfono 3333333 Fax 3333333
> 46002 VALENCIA

ANTONIO DE LA PEÑA, NOTARIO DE LA CIUDAD DE VALENCIA Y MIEMBRO DEL ILUSTRE COLEGIO NOTARIAL DE ESTA CIUDAD,

Certifica que el presente documento es copia fiel y auténtica del las páginas 1, 2 y 3 del documento original que le ha sido exhibido; ASIMISMO certifica que el presente documento ha sido redactado en dos folios de papel timbrado de uso exclusivo para documentos notariales, números 1F 2050198 y 1F 2050198.

DERECHOS NOTARIALES: (------); Número 5 y norma 8.
Honorarios: 6 euros.

De todo lo cual, yo, el Notario, doy fe, a dieciséis de mayo de mil novecientos noventa y cuatro. SIGNADO = ANTONIO DE LA PEÑA = RUBRICADO Y SELLADO
[SELLO]   [FIRMA]

PAPEL EXCLUSIVO PARA USO NOTARIAL

[SELLO]   [SELLO]   1F2050198

Fin de la traducción

LA TRADUCCIÓN DE DOCUMENTOS ACADÉMICOS

Estudio comparado del sistema educativo angloamericano y el sistema educativo español

Objetivos	1. Reflexionar sobre el valor legal de los documentos académicos y sus traducciones. 2. Conocer la documentación necesaria para traducir textos académicos. 3. Estudiar los sistemas educativos de Estados Unidos, Inglaterra y España. 4. Aplicar el modelo de ficha de control y el concepto de encargo de traducción a los documentos académicos. 5. Adquirir práctica en la traducción de documentos académicos. 6. Elaborar un glosario especializado en traducción de documentos académicos. 7. Crear un corpus de documentos académicos en inglés y en español. 8. Captar la necesidad de actualizar periódicamente los glosarios y la documentación para este tipo de documentos. 9. Desarrollar la capacidad crítica y reflexionar sobre los problemas que entraña la traducción de elementos culturales.
Contenidos	• La documentación necesaria para traducir documentos académicos. • El valor legal de los documentos académicos. • La homologación y la convalidación de títulos extranjeros. • El encargo de traducción de documentos académicos. • Problemas de traducción más habituales en la traducción de documentos académicos.
Tareas	1. Estudio de los sistemas educativos español, británico y norteamericano 2. Creación de un corpus propio de documentos académicos españoles e ingleses 3. Elaboración de glosarios de documentos académicos españoles e ingleses 4. Identificación de dificultades en la traducción de documentos académicos 5. La traducción de certificados y cartas relacionadas con el contexto académico 6. La traducción de boletines de notas 7. La traducción de títulos y diplomas 8. Traducción español-inglés de documentos académicos

Materiales	ⓘ Fuentes de documentación recomendadas
	🌑 Legalización, convalidación y homologación de documentos académicos extranjeros
	ⓘ Información sobre la legalización y traducción de documentos académicos expedidos en el extranjero
	🌐 *Admission in statutory degree programs for students from abroad*
	ⓘ Fuentes de información sobre convalidaciones
	ⓘ Tipología de documentos académicos
	🌑 «La traducción jurada de documentos académicos norteamericanos», Mayoral (1991)
	🌐 *Bachelor of Natural Health Sciences Diploma*
	🌐 *Benjamín Franklin High School*
	🌐 *Master of Arts Diploma*
	ⓘ Instrucciones generales de traducción para documentos académicos
	🌐 *California State Department of Education certificate*
	🌐 *British certificate of attendance and achievement*
	🌐 Carta de un centro de educación secundaria norteamericano
	🌐 Certificado de concesión de beca del Ministerio de Educación brasileño
	🌐 Carta de recomendación de la University of Westminster
	🌐 *Mansfield High School Letter and Transcript*
	🌐 Certificado de notas de estancia Erasmus en una universidad extranjera
	🌐 Expediente de notas universitario norteamericano
	🌐 Expediente de notas universitario británico
	🌐 *High School Equivalency Certificate*
	🌐 *General Certificate of Education*
	🌐 *Bachelor of Arts Diploma* británico 1
	🌐 *Bachelor of Arts Diploma* británico 2
	🌐 *Bachelor of Science Diploma* norteamericano
	🌐 *Master of Science Diploma* nortamericano 1
	🌐 *Master of Science Diploma* nortamericano 2
	🌐 *Doctor of Philosophy (PhD) Diploma* británico
	🌐 *American Translators Association Certification*
	🌐 Oferta de trabajo en universidad norteamericana
	🌐 Título de licenciada Universidad de Murcia
	🌐 Expediente de notas Universidad de Valencia
	🌐 Certificado de asistencia curso de formación continuada
	🌐 Certificado de habilitación para el ejercicio profesional de la medicina

1. ESTUDIO DE LOS SISTEMAS EDUCATIVOS ESPAÑOL, BRITÁNICO Y NORTEAMERICANO

Documentación

Este ejercicio puede realizarse de forma muy exhaustiva investigando a fondo la estructura de los sistemas académicos propuestos. Si se trabaja en grupo, se puede repartir el trabajo por países y niveles (secundaria/universitaria) y pedir a los alumnos que preparen presentaciones para exponer en clase. Aquí sólo recogeremos información oficial sobre el sistema español y sus convalidaciones con los sistemas británico y norteamericano que, en la fecha de publicación de este manual, se encontraba en las páginas web institucionales de las autoridades académicas españolas.

Esquema sistema académico español aprobado por la Ley Orgánica de Educación (2006)

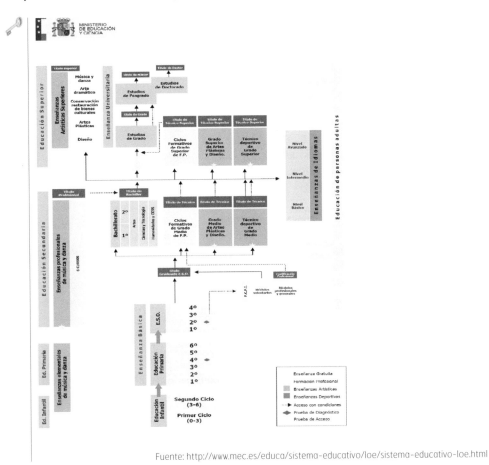

Fuente: http://www.mec.es/educa/sistema-educativo/loe/sistema-educativo-loe.html

Equivalencias de estudios entre los sistemas educativos de España y del Reino Unido

 Homologaciones y convalidaciones de estudios no universitarios

Estudios españoles	Estudios del Reino Unido
6º de Educación General Básica o 6º de Educación Primaria.	Form 1 o Year 7
7º de Educación General Básica o 1º de Educación Secundaria Obligatoria.	Form 2 o Year 8
8º de Educación General Básica / Título de Graduado Escolar o 2º de Educación Secundaria Obligatoria.	Form 3 o Year 9
1º de Bachillerato Unificado y Polivalente o 3º de Educación Secundaria Obligatoria	Form 4 o Year 10
2º de Bachillerato Unificado y Polivalente o 4º de Educación Secundaria Obligatoria / Tít. Grad. Educación Secundaria.	Form 5 o Year 11
3º de Bachillerato Unificado y Polivalente / Título de Bachiller o 1º de Bachillerato	Form 6 Lower o Year 12
Curso de Orientación Universitaria o 2º de Bachillerato / Título de Bachiller	Form 6 Upper o Year 13

Normativa reguladora
- Orden de 14 de marzo de 1988 (publicada en el Boletín Oficial del Estado de fecha 18-03-88).
- Orden de 30 de abril de 1996 (publicada en el Boletín Oficial del Estado de fecha 08-05-96).
- Orden de 17 de diciembre de 1997 (publicada en el Boletín Oficial del Estado de fecha 26-12-97).

Homologaciones y convalidaciones universitarias
- Deben ser títulos oficiales y cursados, en su totalidad, en centros autorizados.
- La homologación se realiza con referencia a un título oficial español cuyos estudios estén implantados en alguna universidad española en el momento de la solicitud.
- No se realizará la homologación de estudios extranjeros a títulos o diplomas establecidos por las universidades conforme a lo dispuesto en el art. 28.3 de la Ley Orgánica 11/1983, de 25 de agosto, de Reforma Universitaria (BOE 1 de septiembre).
- La convalidación de estudios parciales corresponde a la universidad en la que el alumno pretenda continuar tales estudios.

Información obtenida de la página web de la Consejería de Educación y Ciencia de la Embajada de España en el Reino Unido.

Fuente: http://www.mec.es/sgci/uk/es/consej/es/estudiarenespania/reco.shtml

Equivalencias de estudios entre los sistemas educativos de España y Estados Unidos

 Homologación de estudios y títulos estadounidenses por los correspondientes españoles (niveles de educación primaria y secundaria)

El trámite formal de convalidación/homologación sólo se requiere de los cursos equivalentes a 4º de ESO y superiores. Eso significa que, en el caso de Estados Unidos, los únicos cursos que se deben convalidar son los grados 10, 11 y 12, con arreglo a la siguiente tabla de equivalencias:

Estados Unidos	España Ley Orgánica 1/1990 (LOGSE)
10º grado	4º de ESO y homologación al título de Graduado en Educación Secundaria
11º grado	1º de Bachillerato
12º grado y Diploma de High School	2º de Bachillerato y homologación al título de Bachiller

En los demás casos, el alumno que ha realizado estudios en los Estados Unidos se incorpora directamente al curso que le corresponda por edad en España.

Normativa reguladora

- Real Decreto 104/88 del 29 de enero (BOE 17 de febrero de 1988), Orden Ministerial 14 marzo de 1988 (BOE 17 de marzo) y Orden Ministerial 30 de abril de 1996 (BOE 8 de mayo). Esta última disposición contiene asimismo tablas de equivalencia para un buen número de países,
- Orden Ministerial de 16 de diciembre de 2002 (BOE de 28 de diciembre de 2002).
- Estados Unidos: Orden Ministerial 27 de enero de 1989 (BOE 3 de febrero), Resolución 7 de febrero de 1989 (BOE 18 de febrero) y Resolución del 12 de abril de 1993 (BOE 21 de abril).
- Canadá: Orden Ministerial 22 de julio de 1988 (BOE 30 de julio), Resolución 20 de abril de 1990 (BOE 24 de abril) e Instrucción 13 de marzo de 1993 (no publicada en el BOE).

La escala de equivalencia de notas entre el sistema de letras y el sistema español generalmente aceptada es la siguiente:

A. Sobresaliente
B. Notable
C. Bien
D. Suficiente
E. Insuficiente
F. Muy deficiente

Homologación de estudios y títulos estadounidenses (nivel universitario)

La homologación se define como la equivalencia completa de estudios y títulos extranjeros a un título español de carácter oficial y su concesión corresponde al Ministerio de Educación y Ciencia. La unidad responsable de la resolución de las solicitudes de homologación de títulos extranjeros a títulos oficiales españoles, **en el caso de las diplomaturas y licenciaturas**, es la Secretaría General Técnica (Subdirección General de Homologaciones, Convalidaciones y Títulos) de los servicios centrales del Ministerio de Educación y Ciencia en Madrid, quien a su vez requiere informe previo al Consejo de Universidades.

Homologación del título de Doctor

La homologación se define como la equivalencia completa de estudios y títulos extranjeros a un título español de carácter oficial y su concesión corresponde al Ministerio de Educación y Ciencia. Las solicitudes de **homologación de títulos de Doctor** han de dirigirla al rector de la universidad donde el interesado estime tener más opción de ser homologado y debe presentarse directamente en la universidad.

Homologación de títulos de especialidades farmacéuticas o médicas

Los títulos, diplomas o certificados de especialidades farmacéuticas o médicas, obtenidos en el extranjero, que acrediten a sus titulares para el ejercicio legal de la profesión como especialistas en el país de origen, podrán ser homologados a los correspondientes títulos oficiales españoles.

La homologación exigirá la realización de una prueba teórico-práctica en aquellos supuestos en que la formación acreditada no guarde equivalencia con la que conduce al título español correspondiente. Dicha prueba versará sobre los conocimientos teóricos y prácticos de la formación española requeridos para la obtención del título. Si se someten a esta prueba y no consiguen superarla, podrán repetirla una sola vez transcurrido el plazo de un año.

Información obtenida de la página web de la Consejería de Educación y Ciencia de la Embajada de España en Estados Unidos.

Fuente: http://www.mec.es/sgci/usa/es/homconv/eeuu.shtml

Concepto de homologación y convalidación de estudios extranjeros

 La **homologación** es un trámite que se realiza frente al Ministerio de Educación español. La homologación se predica sólo de los TÍTULOS EXTRANJEROS, ya sea de secundaria (preuniversitarios), universitarios (licenciaturas, diplomaturas) o de postgrado. Consiste en la declaración por parte el Ministerio de Educación de la equivalencia del título extranjero a un título oficial dentro del sistema educativo español. Sus efectos son académicos y profesionales, ya que permite ejercer las profesiones previa consecución de un permiso de trabajo y residencia, si se trata de ciudadanos no comunitarios.

Son homologables las siguientes titulaciones:
*   Títulos de estudios secundarios (preuniversitarios).
*   Títulos universitarios y de postgrado.
*   Títulos universitarios de especialidades médicas y farmacéuticas.

Desde el punto de vista académico, si se homologa un título preuniversitario (secundaria) el objeto es, por lo general, acceder a una carrera universitaria. Si se homologa un título universitario el objeto puede ser la obtención del título de Doctor con validez en todo el territorio español a los efectos académicos. En todo caso al Doctorado se puede acceder sin previa homologación del título extranjero. En este caso recibirá un título de Doctor pero sin validez oficial.

Desde el punto de vista laboral, la homologación de títulos universitarios extranjeros igualmente puede ser exigida para el ejercicio de determinadas profesiones en territorio español (abogados, arquitectos, médicos, etc.).

No obstante, la homologación por sí sola no es requisito suficiente para acceder al mundo laboral. Dicho acceso requiere de una autorización laboral específica (permiso de trabajo) que tiene implicaciones y trámites independientes a la homologación, la cual incluso puede ser requisito previo para la obtención del permiso de trabajo.

En cuanto a la **convalidación**, se puede decir que existen dos tipos: convalidación de asignaturas (materias) y convalidación de títulos (también llamada *autorización excepcional*).

Convalidación de asignaturas (materias): En este caso se denomina convalidación parcial de estudios. Ésta se solicita en los siguientes casos: 1) Si se ha comenzado una carrera universitaria en el extranjero y se desea continuarla y concluirla en la UCM; 2) Si se está ya en posesión de un título universitario extranjero y en lugar de solicitar su homologación al Ministerio de Educación español se opta por esta vía ante la UCM (es necesario renunciar por escrito a la homologación), asumiendo de entrada la no convalidación del título o de toda la carrera ya cursada, sino que existirán ciertas asignaturas o materias que no se convalidarán y que tendrán que cursarse por tanto en el Centro o Facultad correspondiente de la UCM. Cursadas y aprobadas dichas asignaturas, se obtendrá el consiguiente título UCM; 3) Cuando el Ministerio de Educación español haya denegado la homologación del título universitario extranjero.

Entidades competentes: Dependiendo de la clase de estudios que se quieran convalidar, la institución ante la cual se solicita varía.

*   **Estudios no universitarios:** si se quieren convalidar estudios secundarios (preuniversitarios), la convalidación se realiza ante el Ministerio de Educación. Los estudios objeto de convalidación son los de aquellos estudiantes que deseen incorporase a 1º Bachillerato (de 16-17 años) o a 2º Bachillerato de 17-18 años). Para los años anteriores no hará falta convalidación; la incorporación la realiza el Centro o Instituto, de acuerdo con la edad exigida para cada curso.

*   **Estudios universitarios:** la convalidación se solicita frente a la universidad en la que el estudiante pretende continuar sus estudios.

Convalidación de títulos (también llamada *autorización excepcional*): Es el trámite previo a la admisión definitiva de un estudiante con un título extranjero a un postgrado español (Doctorado o Título propio). Es un trámite que se realiza frente a la Universidad.

Consiste en que un órgano (Comisión) constituido para esos efectos, declara la equivalencia del título extranjero a un título español. De esta declaración depende la admisión definitiva del estudiante a un Máster oficial, Doctorado o a un Título Propio (Máster propio, cursos de Especialista o Experto).

4. IDENTIFICACIÓN DE DIFICULTADES EN LA TRADUCCIÓN DE DOCUMENTOS ACADÉMICOS

Análisis de los problemas de traducción 1

Problema	Posible solución
Nombre de la universidad	En nuestra opinión, los nombres propios de las instituciones, en general, no se traducen, pues se puede considerar que se trata de nombres propios. Además, podemos encontrarnos casos como California University y University of California, que se confundirían, si las tradujéramos al español. No obstante, hay que señalar que ésta es sólo una opción de traducción y que otros traductores profesionales sí que traducen los nombres de las instituciones.
Faculty	Se puede traducir por «facultad» o «profesorado». En este caso «facultad» tendría el sentido que recoge el DRAE: «En las universidades, cuerpo de doctores o maestros de una ciencia». El DRAE también define «facultad» como: «Cada una de las grandes divisiones de una universidad, correspondiente a una rama del saber, y en la que se dan las enseñanzas de una carrera determinada o de varias carreras afines», aunque esta acepción no es la que corresponde a este contexto.
Degree	Significa *título universitario*. También puede traducirse por «grado», pero en España es más usual la acepción «título»: título de licenciado, título de máster, título de doctor... En el caso del Doctorado, sí que se utiliza la expresión «grado de doctor». El proceso de armonización que se está produciendo en la universidad europea utiliza los términos *grado* y *postgrado* para referirse a estudios de primer y segundo ciclo.
Bachelor	El problema reside en que no es fácil asimilarlo a un título universitario español, ya que en el Reino Unido tiene una duración media de tres años, y en EE.UU. de cuatro. En España las licenciaturas pueden tener una duración de entre 4 y 6 años. Por tanto, proponemos mantener el título en inglés *(Bachelor)* para que sean las autoridades académicas responsables de conceder las homologaciones quienes hagan la equivalencia. Normalmente la licenciatura española se equipara con el título de Master anglosajón. Más abajo recogemos información sobre los títulos de *Bachelor* y *Máster*.

Chairman of the Board of Trustees	Muchas universidades norteamericanas tienen una estructura jurídica similar a las fundaciones o asociaciones españolas, personas jurídicas sin ánimo de lucro. El término *Board of Trustees* podría asimilarse al de Consejo de Administración en este tipo de organizaciones. En las fundaciones españolas, el órgano de gobierno se denomina «Patronato», por lo que también podría traducirse como «Presidente del Patronato». En la práctica solemos utilizar la expresión «Presidente del Consejo Social», pues ésta es la denominación que suelen tener los órganos de gobierno de las universidades españolas.
President of the University (cargos)	Rector. La traducción de los cargos es una de las mayores dificultades en este tipo de textos. La solución más conservadora es dejarlos en idioma original. También se puede incluir una posible traducción entre paréntesis. La solución más arriesgada es proponer una equivalencia. En cualquier caso, en un mismo texto debe utilizarse siempre el mismo procedimiento.

 ## Licenciatura, *Bachelor's degree* y *Master's degree*

La **licenciatura** es una carrera universitaria de larga duración (entre 4 y 6 años), diferente a la arquitectura y la ingeniería, en la que generalmente se imparten cursos más especializados que en una diplomatura. Otra diferencia reseñable es que, en general, las licenciaturas se crean en torno a un área del saber (Química, Literatura, Derecho, etc.), mientras que las diplomaturas y otras carreras de menor duración se suelen configurar atendiendo a las necesidades de un oficio concreto (Óptica, Ingeniería Técnica, Enfermería). Las licenciaturas se imparten en las facultades.

Dependiendo de la universidad en la que se curse, una licenciatura puede conformar una unidad académica independiente, o ser parte de unos estudios segmentados en los que la Diplomatura es el primer ciclo y la Licenciatura es el segundo ciclo. Consecuentemente, a los estudios de Máster y Doctorado se los conoce como estudios de tercer ciclo. El conjunto de estudios de diplomaturas, licenciaturas y doctorados pertenece a la Educación Superior y son llamados Estudios Superiores. En el mundo anglosajón se conocen como *Master's degree,* y se distingue entre ciencias y letras: *MA* o *Master of Arts* y *MS* o *Master of Science.*

El término de *Bachelor of Science* o B*achelor of Arts* designa a un diploma universitario de primer ciclo (*undergraduate*) en los países anglófonos ó anglosajones. Se obtiene después de tres años de estudios en Gran Bretaña, País de Gales, Irlanda del Norte, Quebec, Singapur, Australia, Nueva Zelanda, Hong Kong y África del Sur, y tras cuatro años en el resto de Norteamérica y en Escocia. Este témino se encuentra normalmente abreviado como *B.Sc., B.S.* o *S.B.* y como *B.A., BA* o *A.B.,* iniciales de las expresiones latinas *Baccalaureus Scientiæ* y *Artium Baccalaureus.*

Diferencias entre B.S. y B.A.

The Bachelor of Arts (B.A.) and Bachelor of Science (B.S. or B.Sc) are similar in some countries, in that they are the most common undergraduate degrees. In the United States and Canada, both degrees incorporate a general education component (matriculations take courses in the humanities, social sciences, natural sciences, and mathematics). They typically require students to declare an academic major, take a certain number of elective courses, and sometimes have basic skills components (writing or computer proficiency exams), however, in countries not requiring a general education component—such as Australia— the subjects studied likely are different in each degree.

The B.S. degree typically specifies more courses in the major (or cognate fields) than does the B.A. degree. The B.A. focuses on creating a well-rounded graduate through formal study of natural sciences, social sciences, and foreign languages. The B.S. degree tends to be awarded more often in the natural sciences than in the humanities. In the United States, the B.S. is often awarded in pre-professional academic majors more than purely academic ones. Beyond these differences, the variation between the B.A. degree and the B.S. degree depends on the policies of the colleges and universities. This can often manifest in unusual ways; for example, physics and biology majors are often given B.A. degrees, while business majors are sometimes given B.S. degrees.

In the United Kingdom, usage varies: most universities distinguish between Arts and Science subjects through awarding either a B.A. or B.Sc depending on field of study. However, Oxford and Cambridge traditionally award BAs to undergraduates having completed the Part II Tripos (Cambridge) or Finals (Oxford) examinations in any subject (including the sciences). This degree is then superseded by a MA awarded seven years after matriculation. Similar practices are carried out by the University of Dublin, Trinity College, in the Republic of Ireland.

The ancient universities of Scotland award a Master of Arts to humanities or arts undergraduates, but a B.Sc to science undergraduates.

Honours degrees and academic distinctions

Under the English system, and those influenced by it such as the Canadian, Irish, Indian, Maltese, Singaporean, and Hong Kong systems, undergraduate degrees are differentiated either as pass degrees or as honours degrees, the latter denoted by the appearance of «(Hons)» after the degree abbreviation. An honours degree generally requires a higher academic standard than a pass degree, and in Malta, Singapore, Australia, New Zealand, Scotland, South Africa, and some Canadian Universities an extra year of study. In Scotland, there also exist Designated Degrees. A Bachelor of Arts in the UK receives the designation B.A. for an ordinary/pass degree and BA(Hons) for an honours degree.

Master's degree

A **master's degree** is an academic degree usually awarded for completion of a postgraduate (or graduate) course of one to three years in duration. In the recently standardized European system of higher education diplomas, it corresponds to a one-year or two-year graduate programme to be entered after three years of undergraduate studies to obtain a higher qualification for employment purposes or in preparation for doctoral studies. In the United States of America and Canada, the master's is normally a one to two year course entered after four years of undergraduate study (leading to the bachelor's degree), and is similarly required for licensing in many professions, or in preparation for the doctorate.

Master's degrees are often entitled magister, which is Latin for master (teacher). In some languages, magister or its cognate is the word used for person who has the degree.

The **Master of Arts** (Magister Artium) and **Master of Science** (Magister Scientiæ) degrees are the basic degree types in most subjects, and may be either entirely course-based or entirely research-based, or (more typically) a mixture.

Admission to a master's program normally requires holding a bachelor's degree (in Canada an 'honours' bachelor degree) although in some cases relevant work experience can qualify a candidate, and progressing to a doctoral program often requires a master's degree. In some fields or graduate programs, work on a doctorate begins immediately after the bachelor's degree. Some programs provide for a joint bachelor's and master's degree after about five years. Some universities use the Latin degree names, and because of the flexibility of word order in Latin, Artium Magister (A.M.) or Scientiæ Magister (S.M.) may be used; Harvard University, for instance, uses A.M. and S.M. for its master's degrees and MIT uses S.M. for its master of science degrees. The Master of Science degree usually is abbreviated MS in the USA and MSc in British Commonwealth nations and Europe.

Fuente: Wikipedia 2007

Propuesta de traducción del texto *Bachelor of Natural Health Sciences Diploma*

Traducción del original en idioma inglés

THE AMERICAN MEDICAL UNIVERSITY OF HOLISTIC & NATURAL MEDICINE (A.M.U.)

El Consejo Social de la American Medical University of Holistic & Natural Medicine (A.M.U.)

(inscrita en el Estado de Wyoming, EE.UU., con el n.º 278502)

a instancias de la facultad ha concedido a

Ventura Rodríguez

el título de

*Bachelor** en Ciencias de la Salud Natural Especialista en Naturopatía

Con todos los honores, derechos, privilegios y obligaciones que corresponden a tal título.

A diez de junio de mil novecientos noventa y seis

[Firma]   [Firma]

Presidente del Consejo Social   Rector

Fin de la traducción

*Bachelor: Estudios universitarios de tres a cinco años de duración.

Análisis de los problemas de traducción 2

Problema	Posible solución
Direcciones y cargos	Si es posible, recomendamos reproducir los logos y formato del papel de carta original. De esta forma, nos ahorramos reproducir nombres propios, direcciones, etc. que según nuestro criterio, mantendríamos en inglés.
Nombre de las asignaturas	En este documento la traducción de las asignaturas no supondría ningún problema: Química I, Biología I, Historia de los Estados Unidos, Inglés III, Informática, Física. En otros casos puede resultar necesario consultar los programas para determinar el contenido y traducir su nombre de manera coherente e informada. En ocasiones tendremos que consultar programas españoles o hablar con expertos, sobre todo en el caso de expedientes universitarios en los que el grado de especialidad puede ser muy elevado. Otra solución es preguntar al cliente sobre los contenidos de las asignaturas cursadas, pero aquí se corre el riesgo de que nos proporcionen información interesada.
Academic courses	No se traduciría como «cursos», sino como «asignaturas».
Calificaciones	Si se trata de una traducción que va a ser presentada ante las autoridades académicas competentes para homologar o convalidar estudios, respetamos las calificaciones originales, ya que las equivalencias que podemos proponer son siempre aproximadas. Sin embargo, si el encargo tiene otros fines (como por ejemplo, enmarcar un diploma o incluir en un cv) podemos proponer equivalencias con el sistema de calificaciones del país donde se vaya a utilizar. Esta tarea es costosa y requiere investigación, ya que las escalas varían de país a país, de estado a estado, e incluso, de unos centros académicos a otros.

¿Qué tipo de texto es, una carta o un boletín de notas?
Resumen del contenido del documento

Se trata de una carta que contiene información sobre las calificaciones obtenidas por el alumno y sobre el periodo durante el que ha estado matriculado. En la carta se informa, además, de que el centro no ha podido matricular al interesado como estudiante oficial ya que, aunque admiten dos alumnos de intercambio por curso, no es posible reconocerles los créditos obtenidos como créditos oficiales. De cualquier modo, firman esta carta para informar sobre el trabajo desarrollado por el alumno.

La traducción de los sistemas de calificaciones

Calificaciones sistema universitario español (0- 10)

Matrícula de honor	10
Sobresaliente	8,5 – 10
Notable	7 – 8,5
Aprobado	5 – 6
Suspenso	Menos de 5

Calificaciones sistema universitario español (0- 4)

Matrícula de honor	4 +
Sobresaliente	3.9- 3.6
Notable	3.5- 2.6
Bien	2.5- 1.6
Aprobado	1.5- 0.6

Calificaciones sistema universitario británico (0 – 70%)

First class	70%+
High second	60-69%
Lower second	50-59%
Third	40-49%
Fail	0-39%

Calificaciones sistema universitario norteamericano (A – F) (4 - 0)

A+	Excellent with honors
A	Excellent
B+	Very good
B	Good
C	Pass
F	Fail

 Propuesta de equivalencias APROXIMADAS entre sistemas

Sistema español	Sistema británico	Sistema norteamericano
10	80%	A+
9.9	79	
9.7	77	
9.5	75	
9.3	74	A
9.0	73	
8.9	70	
8.7	69	
8.5	68	A-
	67	
8.0	65	
7.9	63	
7.7	61	B
7.5	59	
7.3	57	
7.0	55	
6.9	53	B-

6.7	50	
6.5	46	
6.3	45	
5.0	40	C
	SUSPENSO	
4,9	39	F

La presencia de falsos amigos

Término	Traducción
West Virginia University	Si lo traducimos como *Universidad de West Viginia,* deberemos asegurarnos antes de que no existe una *University of West Virginia*
The College of Arts and Sciences	El término *College* puede tener varios sentidos en el ámbito académico: colegios privados en Inglaterra (Eton, Oxford), instituto de educación secundaria, las distintas partes que constituyen una universidad (similar a las facultades españolas). En EE.UU. algunas universidades se denominan *colleges:* Boston College. En el contexto de este documento se podría traducir por «Facultad de Ciencias y Humanidades».
Master of Arts	Véase la información sobre los niveles de *Bachelor* y *Master* que aparece en un ejercicio anterior de esta unidad.
Officers	«Oficiales» no sería correcto. Podemos utilizar los términos «cargos» o «representantes».
President	Ya se ha visto que en el contexto universitario se traduce como «rector».

Propuesta de traducción del texto *Master of Arts Diploma*

Traducción de una fotocopia en idioma inglés

THE COLLEGE OF ARTS AND SCIENCES
(FACULTAD DE CIENCIAS Y HUMANIDADES)

EL CONSEJO RECTOR DE THE WEST VIRGINIA UNIVERSITY,
A INSTANCIAS DEL PROFESORADO, HA CONCEDIDO A

DOLORES RIOS

EL TÍTULO DE *MASTER OF ARTS*[1]

CON TODOS LOS DERECHOS, HONORES Y PRIVILEGIOS QUE CORRESPONDEN AL MISMO.
Y PARA QUE ASÍ CONSTE, LOS REPRESENTANTES LEGALES DE LA UNIVERSIDAD FIRMAN Y SELLAN EL
PRESENTE A 18 DE MAYO DEL AÑO MIL NOVECIENTOS OCHENTA Y SEIS.

[firma]   [firma]
Rector de la Universidad   Presidente del Consejo Rector de West Virginia University
[firma]   [firma]
Decano de la Facultad   Vicepresidente del Consejo Rector de West Virginia University

Fin de la traducción

---

[1] *Master of Arts*: Estudios universitarios de postgrado de uno a tres años de duración.

Procedimientos de traducción

Fuente: Monzó Nebot, E. (2005) Proyecto docente, Universitat Jaume I.

PROBLEMA	RESTRICCIONES Y PRIORIDADES	BASE DE SOLUCIÓN	FUENTES
Fórmulas fraseológicas de retórica compleja	**RESTRICCIONES:** El repertorio en lengua de llegada. **PRIORIDADES:** La función de la fórmula en el original. Las tendencias modernizadoras del lenguaje administrativo.	Conocimientos lingüísticos y textuales (contrastivos)	Manuales de lenguaje administrativo (en papel y en web)
Las denominaciones y la variedad de cargos académicos	**RESTRICCIONES:** El repertorio del sistema educativo propio. La facultad de equivalencia. **PRIORIDADES:** Trasladar la validez del texto.	Conocimientos extralingüísticos (contrastivos)	Páginas web de instituciones de enseñanza Glosarios profesionales Exposiciones de clase (aula virtual)
Calificaciones y notas	**RESTRICCIONES:** Equivalencias censadas por el Ministerio. Equivalencias ECTS. La convalidación la debe hacer un funcionario del Estado. **PRIORIDADES:** Aportar los referentes necesarios para facilitar el trabajo del convalidador.	Conocimientos traductológicos (equivalencia funcional)	Página web de Ministerio OIL Asociaciones profesionales Universidades y webs de instituciones
Formato de los documentos	**RESTRICCIONES:** Legibilidad. El documento traducido se consultará juntamente con el original. **PRIORIDADES:** Ofrecer un documento lo más parecido posible al original.	Conocimientos profesionales (contexto de consumo de la traducción)	Manuales de Word
Elementos no lingüísticos	**RESTRICCIONES:** Imitar en exceso el documento puede constituir falsedad documental (reproducir las firmas, por ejemplo). **PRIORIDADES:** En traducción jurada: trasvasar todos los elementos que den validez al documento.	Conocimientos instrumentales (plantillas, tablas, etc.) Conocimientos profesionales	Webs institucionales (sellos, anagramas, etc.) Foros de profesionales
Juramento de la traducción	**RESTRICCIONES:** Las que impone el Decreto a los traductores jurados. **PRIORIDADES:** Asegurar la validez de la traducción jurada. Evitar falsificaciones.	Conocimientos profesionales (también relaciones interpersonales)	Decreto 119/2000 Foros de profesionales

5. LA TRADUCCIÓN DE CERTIFICADOS Y CARTAS RELACIONADAS CON EL CONTEXTO ACADÉMICO

Propuesta de traducción del texto *California State Department of Education certificate*

Traducción del original en idioma inglés

CALIFORNIA STATE DEPARTMENT OF EDUCATION	Bill Honig,
721 Capitol Mail; P.O. Box 944272	Superintendent
Sacramento, CA 94244-2720	of Public Instruction

25 de febrero de 1993

A QUIEN CORRESPONDA:

Por la presente certifico que Canyon High School, Canyon Country (California), que aparece en el expediente académico de la alumna ▮▮▮▮▮▮, es un centro del sistema público de educación de California y, como tal, cumple todos los requisitos de los centros de escolares de dicho estado.

Atentamente

[firma]

Robert L. Evans, Secretario

School Interventions Unit

Youth, Adult and Alternative Educational Services Division

RLR: lp

Fin de la traducción

Propuesta de traducción del texto *British certificate of attendance and achievement*

Traducción de una fotocopia en idioma inglés

ST. MARY'S COLLEGE

RAVENLEA ROAD, FOLKESTONE, KENT, CT20 2JU

Teléfono: Folkestone (0303) 851363

A QUIEN PUEDA INTERESAR:

Por la presente certifico que Mercedes López cursó estudios en este centro (anteriormente St. Mary's Convent) desde 1962 hasta 1968 superando los cursos *Form I - Form VI**. Las asignaturas que cursó durante este periodo fueron:

> Lengua inglesa
>
> Literatura inglesa
>
> Francés
>
> Alemán
>
> Matemáticas
>
> Arte

Mercedes consiguió la calificación de APTO (*Pass standard*) en todas las asignaturas y en todos los cursos.

[Firma]

Doña J. Skinner, directora

18 de marzo de 1992

[sello]

Fin de la traducción

---

* *Form I- Form VI*: En el sistema académico español correspondería al periodo de 6º de primaria hasta 1º de bachillerato.

Propuesta de traducción del texto «Carta de un centro de educación secundaria norteamericano»

Traducción del original en idioma inglés

VISTA ADULT SCHOOL

VISTA UNIFIED SCHOOL DISTRICT

305 East Bobier Drive, Vista, CA 92084-3404 • (619) 758-7122 • FAX (619) 726-3277

8 de junio de 199

A QUIEN CORRESPONDA:

El centro *Vista Adult School* confirma que ha otorgado a Carlos Ruiz el título de enseñanza secundaria tras haber aprobado todas las asignaturas requeridas para el mismo.

Carlos Ruiz se matriculó inicialmente en el centro *Carslbad High School* pero debido a su edad (19) fue transferido al centro *Vista Adult School*. Ha asistido a este centro escolar desde noviembre de 1994 hasta el 6 de junio de 1995, fecha en la que consiguió el título de enseñanza secundaria. Este título está homologado por el Estado de California y ha sido expedido por una institución reconocida por la *Western Association of Schools and Colleges Accrediting Commisión for Schools*.

Si necesita información complementaria, no dude en ponerse en contacto con nosotros.

Atentamente,

[firma]

Louann Gigante, Ed. S.

Director adjunto

Fin de la traducción

Propuesta de traducción del texto «Certificado de concesión de beca del Ministerio de Educación brasileño»

Traducción del original en idioma inglés

Coordenação de Aperfeiçoamento de Pessoal de Nível Superior
Ministério da Educação - Anexos I e II - 2º Andar
Caixa Postal 365
70359-970 - Brasília, DF
Brasil

C A P E S

17 de diciembre de 2004

A QUIEN CORRESPONDA:

Por la presente certifico que Don Carlos Pires ha obtenido una beca otorgada por la Fundación CAPES, institución federal dependiente del Ministerio de Educación de Brasil, para llevar a cabo parte de su investigación doctoral como alumno especial de la UNIVERSIDAD DE VALENCIA.

La beca incluye:
- a)   euros mensuales para gastos de mantenimiento.
- b)   euros para gastos de traslado e instalación (en un único pago).
- c)   euros anuales en concepto de seguro de enfermedad, abonado directamente al becario.
- d) Billete de avión trayecto internacional:
  PORTO ALEGRE (BR)/VALENCIA (ES)/ PORTO ALEGRE (BR)

La beca cubrirá el periodo comprendido entre enero de 2005 y julio de 2005.

[firma]

█████████████

Coordinador general de Cooperación Internacional

CAPES/CGCI ANEXO I 2º ANDAR SALA 205 Email: cgci@capes.gov.br Fone: (61) 2104-8875 Fax: (61) 322-9458

Fin de la traducción

Propuesta de traducción del texto «Carta de recomendación de la University of Westminster»

Traducción del original en idioma inglés

UNIVERSITY OF WESTMINSTER

Julio de 1992

Pablo González

Por la presente confirmamos que Pablo González imparte clases de traducción inglés-español en el programa de postgrado de traducción de esta Universidad (anteriormente denominada *Polytechnic of Central London).*

El señor González es responsable de preparar e impartir las clases de traducción inglés-español y de evaluar el trabajo de los estudiantes en nuestro nuevo itinerario del programa de máster para alumnos cuya lengua materna es el español.

Los resultados de su trabajo han sido excelentes. En primer lugar las calificaciones finales obtenidas por sus alumnos revelan un gran nivel de preparación en traducción técnica, económica y especializada. Por otra parte, el señor González ha sabido comunicar muy bien su experiencia y profesionalidad a los estudiantes. Siempre ha tratado a sus alumnos con gran comprensión y paciencia y, tanto este centro como el resto de la comunidad de traductores, debemos estarle agradecidos por su trabajo.

Para mí es un honor recomendar encarecidamente al señor González para cualquier puesto relacionado con la docencia o la traducción.

[firma]

Senior Lecturer

The University of Westminster

Fin de la traducción

6. LA TRADUCCIÓN DE BOLETINES DE NOTAS

Puesto que el encargo de traducción indica que deben ser traducciones juradas, deberemos utilizar el sello de de certificación de los traductores-intérpretes jurados. Si no posees ese título, imagina que sí que lo tienes y traduce estos textos como si se tratara de traducciones juradas, pero sabiendo que no podrás firmarlas hasta que estés en posesión del título de traductor jurado que concede el Ministerio de Asuntos Exteriores español. Consulta en la unidad 2 las características de las traducciones juradas. En cuanto al método de traducción, no varía respecto al utilizado en traducciones n o juradas para este tipo de textos. Lo que sí que cambia son los requisitos de certificación.

Propuesta de traducción del texto «Certificado de notas de estancia Erasmus en una universidad extranjera»

Traducción jurada del original en idioma inglés

Certificado

Socrates – Erasmus

▓▓▓▓▓ (nacida el 25 de octubre de 1979) estuvo matriculada como estudiante Erasmus durante el semestre de otoño de 2000 (del 28 de agosto de 2000 al 21 de enero de 2001) en la universidad Södertörns högskola, Suecia.

Durante su estancia como alumna de intercambio cursó las siguientes asignaturas:

Asignatura:	Créditos	Calificación ECTS
Historia de Escandinavia y de la región Báltica.	10 (15 ECTS)	A
Movimientos sociales y relaciones transnacionales	5 (7,5 ECTS)	B
La Alemania nazi		
	5 (7,5 ECTS)	B

SÖDERTÖRNS HÖGSKOLA

(Firma ilegible)

Ebba Hallsenius
Oficina de Relaciones Internacionales

Sistema de calificaciones: U= suspenso, G=aprobado, VG= Excelente.
Un año académico equivale a 40 créditos. 1 crédito equivale a una semana
de claes y estudio personal.

Fin de la traducción

> Doña Marina Malinche, Intérprete Jurado de inglés, certifica que la que antecede es traducción fiel y
> completa al español de un documento redactado en inglés.
> En Valencia a 18 de enero de 2007

Propuesta de traducción de un expediente de notas universitario británico

Traducción jurada del original en idioma inglés

Certificado de notas

University of
HUDDERSFIELD

Nombre del estudiante: ██████
Código universidad: 9751█████
Calificación:

Fecha de nacimiento: 7 de marzo de 1979
Referencia HESA : 000097█████
Nivel NQF

Institución docente
Institución certificadora
Acreditación profesional
Lengua en la que se imparte la docencia
Plan de estudios

University of Huddersfield
No procede
Inglés
BA (Hons) Informática de gestión[1]

Calificaciones

00/01   *BA (Hons)* en Informática de Gestión

Código	Asignatura	Nota	Calificación	Créditos
CA1503	SISTEMAS INTEGRADOS	58	C	10
CA1513	DIAGNÓSTICO DE SISTEMAS	42	D	10
CA1604	SIMULACIÓN INFORMÁTICA DE PROCESOS EMPRESARIALES	35	CP	10
CA1606	ESTRATEGIA DE SISTEMAS INFORMÁTICOS	56	C	10
CAP524	PROYECTO INDIVIDUAL	52	C	40
CAT306	INTERACCIÓN ORENADOR – SER HUMANO	31	CP	10
CAT568	DESARROLLO DE PRODUCTOS MULTIMEDIA INTERACTIVOS	50	C	10
CAT698	APLICACIONES MULTIMEDIA	52	C	10
MAM205	ADMINISTRACIÓN DE EMPRESAS	40	D	10
MAM302	ANÁLISIS EMPRESARIAL	54	C	10
MAM306	GESTIÓN ESTRATÉGICA	45	D	10

97/98

Código	Asignatura	Nota	Calificación	Créditos
BFE109	LA EMPRESA Y EL ENTORNO ECONÓMICO	40	D	10
CFI190	DISEÑO DE SISTEMAS INFORMÁTICOS	42	D	20
CFI195	CONSTRUCCIÓN DE SISTEMAS INFORMÁTICOS	64	B	20
CF1217	ASPECTOS HUMANOS DE LA INFORMÁTICA	40	D	10
CFM150	MATEMÁTICAS	84	A	10
CFM311	ESTADÍSTICA	48	D	10
CFS141	FUNDAMENTOS TÉCNICOS DE LOS ORDENADORES	48	D	10

---

[1] BA (Hons) Informática de gestión: Programa de estudios universitarios de 3 a 4 años de duración.

CFT117	FUNDAMENTOS DEL APRENDIZAJE INTERACTIVO	51	C	10
MFM150	ESTUDIOS CONDUCTUALES	40	D	10

98/99

BFP108	INTRODUCCIÓN A LA EMPRESA	40	D	10
BIP210	PLANIFICACIÓN EMPRESARIAL	49	D	10
CAI317	DESARROLLO Y PUESTA EN MARCHA DE SISTEMAS INFORMÁTICOS	65	B	20
CAP316	ASPECTOS PROFESIONALES	45	D	10
CAS370	SISTEMAS DE GESTIÓN BASADOS EN BASES DE DATOS RELACIONALES	60	B	10
CAS390	IMPLEMENTACIÓN DE SISTEMAS DE RAZONAMIENTO	49	D	20
CAS446	REDES INFORMÁTICAS	44	D	10
CAS455	SISTEMAS OPERATIVOS	47	D	10
CAT305	PSICOLOGÍA APLICADA A LA INFORMÁTICA	48	D	10

99/00

CSP010	DESARROLLO DE HABILIDADES PERSONALES, SOCIALES Y TÉCNICAS	77	A	60
CSP020	PRÁCTICAS EN EMPRESA	61	B	60

Total de créditos superados   480
Tipo de título
Fecha de finalización de estudios   Fecha de expedición del título: Abril 2005

Para comprobar la validez del presente expediente académico, diríjanse a: The Registry, University of Huddersfield, Queensgate, Huddersfield, HDI 3DH y faciliten el número de expediente 9751324/l.

[Sello: Secretaría General Huddersfield University
Títulos, Exámenes, Calidad + Investigación]

[firma]

Fin de la traducción

Doña Marina Malinche, Intérprete Jurado de inglés, certifica que la que antecede es traducción fiel y completa al español de un documento redactado en inglés.
En Valencia a 18 de enero de 2007

7. LA TRADUCCIÓN DE TÍTULOS Y DIPLOMAS

Traducción de títulos y diplomas de educación secundaria

- **High School Equivalency Certificate:** The Tests of **General Educational Development,** or GED Tests, is a battery of five tests that, when passed, certifies the taker has American or Canadian high school-level academic skills. To pass the GED Tests and earn a GED credential, test takers must score higher than 40 percent of graduating high school seniors nationwide. Some jurisdictions require that students pass additional tests, such as an English proficiency exam or civics test. The GED is sometimes referred to as a «General Equivalency Diploma», **«High School Equivalency Certificate»** or «General Education(al) Diploma». These and other improper references to the «GED» trademark are not authorized by the American Council on Education, which develops the tests and sets the rules for their use. Jurisdictions award a «Certificate of General Educational Development» or similarly titled credential to persons who meet the passing score requirements. Only individuals who have not earned a high school diploma may take the GED Tests. The tests were originally created to help veterans after World War II return to civilian life. Common reasons for GED recipients not having received a high school diploma include immigration to the United States or Canada; homeschooling; and leaving high school early due to a lack of interest, the inability to pass required courses, the need to work, or personal problems.

- **The General Certificate of Education** or GCE is a secondary-level academic qualification, which was used in Britain and continues to be used in some former British colonies. It is often divided into two levels: **Ordinary level** (O-level) (replaced in 1986 by GCSE) and **Advanced level (A-Level),** although other categories exist. Since 1999 when it was introduced, the **Advanced Subsidiary level (AS-level)** has also come into wider use. The **General Certificate of Secondary Education (GCSE)** is the name of a set of British qualifications, taken by secondary school students, at age of 14-16 in England, Wales, and Northern Ireland (in Scotland, the equivalent is the Standard Grade). It is usually taken between these ages although some students may have the opportunity to take one or more GCSEs early. The education systems of other British territories, such as Gibraltar and ex-British (influenced) territory South Africa, also use the qualifications as supplied by the same examination boards. IGCSES is the International «version» of GCSE, which includes some more options so that it can be applied to the whole world, such as optional coursework, language options etc. When GCSES are taken at high school they can often be combined with other certifications such as GNVQ.

Propuesta de traducción de *High School Equivalency Certificate*

Traducción de una fotocopia en idioma inglés

Estado de California

High School Equivalency Certificate

(Certificado de equivalencia de enseñanza secundaria)

Por la presente certifico que

María Gil

ha cumplido los requisitos establecidos por el *California State Board of Education* (Departamento Estatal de Educación de California) y ha superado con éxito los exámenes de *General Educational Development* por lo que se le concede este

High School Equivalency Certificate

(Certificado de equivalencia de enseñanza secundaria)

[sello]
3 de mayo de 1995

[firma]
President of The California State Board of Education
(Presidente del Departamento Estatal de Educación de California)

[firma]
Acting State Superintendent of Public Instruction
(Inspector en funciones de Educación Pública)

Fin de la traducción

Propuesta de traducción de *General Certificate of Education*

Traducción de una fotocopia en idioma inglés

O
(1953-1973)

UNIVERSITY OF OXFORD
[escudo]

General Certificate of Education
(Título de educación secundaria)

Según consta en el Registro de los Representantes de la Junta Examinadora Local *(Register of the Delegates of Local Examinations)*:

Luisa Herranz,

nacida el 23 de julio de 1951, se presentó a los exámenes que tuvieron lugar durante el verano del año 1967

y obtuvo la calificación de APTO *(Pass Standard at Ordinary Level)* en las siguientes asignaturas:

- Lengua Inglesa
- Literatura Inglesa (obras escogidas)
- Francés
- Alemán
- Matemáticas
- Arte

Centro y número de código: (Firma)
Folkestone Convent 57
9 de abril de 1982   p.o.   Secretario de la Junta Examinadora Local
....
11:31 a.m.

Fin de la traducción

Propuesta de traducción de *Bachelor of Arts Diploma* británico 2

Traducción del original en idioma inglés

University of
Huddersfield

El presente documento certifica que

Jane Champion

ha obtenido el título de

*Bachelor of Arts**

con la calificación de

Notable bajo

(*Lower Second Class Honours*)

tras haber superado con éxito un plan de estudios de Informática
de Gestión y las correspondientes prácticas en empresa
A 25 de junio de 2001

[firma]　　　　　　　　　　　　　　　　[firma]
Profesor John R. Tarrant　　　　　　　Dr Vivien P Jeffs
Vicerrector　　　　　　　　　　　　　　Secretario general

Fin de la traducción

---

* Programa universitario de 3 a 5 años de duración.

Propuesta de traducción de *Master of Science Diploma* nortamericano 1

Traducción del original en idioma inglés

El Consejo Social de Columbia University

de la ciudad de Nueva York

ha concedido a

Rubén Alonso

el título de

Master en Ciencias

tras haber superado satisfactoriamente todos los requisitos del plan de estudios universitarios de postgrado en

Diseño arquitectónico avanzado

Con todos los honores, derechos, privilegios y obligaciones que corresponden a tal título.
Y para que así conste, firmamos y sellamos el presente diploma en la ciudad de Nueva York a veintidós de mayo de 2002

[Firma]

Decano de la Facultad de Arquitectura, Urbanismo y Conservación

[Sello]

Fin de la traducción

Master: Estudios universitarios de postgrado de uno a tres años de duración.

Propuesta de traducción de *Master of Science Diploma* nortamericano 2

Traducción del original en idioma inglés

University of California

Los miembros del Consejo Social de la Universidad, a instancias del profesorado, otorgan a

CARMEN ORTEGA

el título de

Master de Ciencias en Ingeniería de Estructuras*

Y para que así conste, firman y sellan el presente diploma en San Diego, el quince de junio de dos mil uno

[firma]
Gobernador de California y presidente del Consejo Social

[firma]
Vicerrector, San Diego

[firma]
Rector

[firma]
Decano

Fin de la traducción

*Estudios de postgrado de 1 a 3 años de duración.

Propuesta de traducción de *Doctor of Philosophy (PhD) Diploma* británico

Traducción del original en idioma inglés

Universidad de East Anglia

Facultad de Biología

La comisión de doctorado,
en su reunión del 3 de febrero de 2006
ha concedido el título de Doctora a doña

Angela Borja

[firma]
Vicerrector

[firma]
Secretario general

Fin de la traducción

Propuesta de traducción de *American Translators Association Certification*

Traducción del original en idioma inglés

a†a

American Translators Association
Fundada en 1959

miembro de la Asociación que se halla al corriente de sus obligaciones colegiales y se ha comprometido a respetar las normas deontológicas y profesionales

ha concedido a

Marta Blanco

la certificación de la ATA
en traducción inglés-español

tras haber superado el examen convocado por la Comisión de Certificaciones

Expedido con el sello de la American Translators Association

1 de enero de 2004

[firma] Lilian Van Vranken
Presidente de la Comisión de Certificaciones, ATA
[firma] Scott Brennan
Presidente, ATA
[firma] Alan K. Melby
Secretario, ATA

Fin de la traducción

Propuesta de traducción de «Oferta de trabajo en universidad norteamericana»

Traducción del original en idioma inglés

 **University**

CIUDAD DE NUEVA YORK
THE GRADUATE SCHOOL OF ARCHITECTURAL PLANNING AND PRESERVATION

9 de septiembre de ███

Miguel Martínez-Mascarós
███████████████
New York, NY 10027

Estimado Miguel:

Me complace comunicarle que remitiremos a la oficina del rector de la Universidad la solicitud para su nombramiento como Profesor Ayudante Adjunto (*Adjunct Assistant Professor*) de Arquitectura. Este nombramiento tendrá validez para el periodo comprendido entre el 1 de septiembre de ███ y el 31 de diciembre de ███ correspondiéndole un salario de ████. En virtud de este contrato pasará a desarrollar funciones de colaboración con ██████ en la sección A4003x. Adjuntamos un calendario con las fechas relevantes del curso académico y le rogamos que tome nota de ellas.

Esperando que podamos trabajar juntos este año, me despido atentamente,

(firma)
████████
Decano

Enviada copia a: ████████

Fin de la traducción

8. TRADUCCIÓN ESPAÑOL-INGLÉS DE DOCUMENTOS ACADÉMICOS

Propuesta de traducción jurada de «Título de licenciada Universidad de Murcia»

Sworn official translation from the original in Spanish

JUAN CARLOS I, KING OF SPAIN
AND IN HIS NAME
THE PRESIDENT OF THE UNIVERSITY OF MURCIA

Whereas pursuant to the provisions and requirements established by the legislation in force

Ms Lucia Calabuig

of Spanish nationality, born in Madrid, on October 2, 1972, has completed an official course of studies approved by the Faculty of Arts in accordance with the curriculum established by the Spanish Council of Universities, issues to her this

DIPLOMA OF BACHELOR OF ENGLISH PHILOLOGY

(TÍTULO DE LICENCIADA EN FILOLOGÍA INGLESA)

valid and official throughout the whole national territory, entitling her to the rights granted to her under the legal provisions in force.

Murcia, October 1, 2001

THE STUDENT,
[signature]

THE PRESIDENT
[signature]
José Ballesta Germán

THE CLERK
[signature]
María Belén Hernández Prada

1-BC-018359

National Register of Diplomas 2003/227489

Centre Code 30008236

University Diploma Register 2001/2696

End of translation

I, MARINA MALICHE, Sworn Official Translator appointed by the Spanish Ministry of Foreign Affairs, HEREBY CERTIFY, that, to the best of my knowledge, this is a true and exact translation of the original document hereto attached.
Valencia, 10 October 2006

Propuesta de traducción jurada de «Expediente de notas Universitat de València»

Sworn official translation from the original in Spanish

UNIVERSITAT DE VALÈNCIA
FACULTAT DE PSICOLOGÍA

PERSONAL ACADEMIC CERTIFICATE

███████████████, **Secretary of this centre, HEREBY CERTIFIES THAT:**

Ms SUSANA CAMACHO, bearing Spanish ID **243**████, born in **Silla (Valencia)**
has completed the following courses

	COURSE TITLE	Length	Date	Final mark	Exams	Reg.	Cent.
	FIRST YEAR						
11458	LOGIC	A	0R1-91	VERY GOOD	1	1	25
11459	GENERAL PEDAGOGY	A	ORI-91	VERY GOOD	1	1	25
11460	GENERAL PSYCHOLOGY	A	OR2-91	PASS	2	1	25
11461	ANTHROPOLOGY	A	OR2-91	PASS	2	1	25
11462	STATISTICS	A	FEB-92	PASS	3	2	25
	SECOND YEAR						
11463	STATISTICS APPLIED TO HUMAN SCIENCES	A	FEB-95	PASS	4	3	25
11464	BIOLOGICAL FOUNDATIONS OF PERSONALITY	A	OR1-93	PASS	4	2	25
11465	HISTORY OF ANCIENT AND MED. PHILOSOPHY	A	OR1-93	PASS	4	2	25
11466	PSYCHOMETRY	A	OR1-92	PASS	1	1	25
11467	GENERAL PSYCHOLOGY II	A	OR2-92	PASS	2	1	25
	THIRD YEAR						
11468	HISTORY OF MOD. AND CONT. PHILOSOPHY	A	0R1-95	PASS	3	2	25
11469	SOCIOLOGY	A	OR2-93	PASS	2	1	25
11470	EVOLUTIONARY PSYCHOLOGY	A	OR1-93-	VERY GOOD	1	1	25
11471	PSYCHODIAGNOSIS	A	OR1-93	PASS	1	1	25
11472	HISTORY OF PSYCHOLOGY	A	OR2-94	PASS	4	2	25
	FOURTH YEAR						
11473	EXPERIMENTAL PSYCHOLOGY	A	OR2-95	PASS	4	2	25
11474	DIFFERENTIAL PSYCHOLOGY	A	FEB-96	PASS	5	3	25
11475	SOCIAL PSYCHOLOGY	A	OR2-94	PASS	2	1	25
11478	GENERAL PSYCOPATHOLOGY	c	OR1-94	PASS	1	1	25
11479	CLINICAL PSYCHOLOGY	c	OR1-94	PASS	1	1	25
11482	PSYCHOLOGY OF PERSONALITY	C	OR1-94	PASS	1	1	25
11483	PSYCHOLOGY OF MOTIVATION	C	OR1-94	PASS	1	1	25

FIFTH YEAR

11484	PSYCOPHYSIOLOGY	A	OR1-95	PASS	1	1	25
11485	PSYCHOTHERAPY AND MODIFICATION OF CONDUCT	A	OR1-96	PASS	4	2	25
11490	PROFESSIONAL PSYCHOPATHOLOGY	c	OR1-95	VERY GOOD	1	1	25
11491	CHILDREN PSYCHOPATHOLOGY	c	OR1-95	VERY GOOD	1	1	25
11492	GROUP DYNAMICS	c	OR1-95	VERY GOOD	1	1	25
11493	PSYCHOLOGY OF COMMUNICATIONS	C	OR1-95	PASS	1	1	25
11494	INTERVIEW TECHNIQUES AND PS ADVICE	C	OR1-95	VERY GOOD	1	1	25
11495	TECHNIQUES OF DIAGNOSIS	C	OR2-95	PASS	2	1	25

She has paid the fees for the issuance of the official university diploma of Bachelor (*Licenciado*) this 16th day of August 1996.

In witness whereof, as and where necessary, I hereunto set my hand in Valencia, 16th day of August, nineteen hundred and ninety-six,

The Dean   The Secretary   The Registrar
[Signature]   [Signature]   [Signature]

End of translation

Propuesta de traducción de «Certificado de asistencia curso de formación continuada»

Victims of Sexual Abuse Support Centre

THIS IS TO CERTIFY

that **Mª JOSÉ ROVIRA**

has attended the

I SEMINAR ON SEXUAL ABUSE

Valencia, 22nd and 23rd November 1996

This seminar has been recognized as an activity of Scientific-Sanitary interest by the Regional Ministry of Health

María Peiró Morant
Chairman, CAVAS
[signature]

Ana Marco Moratalla
Secretary, CAVAS
[signature]

LA TRADUCCIÓN
DE TESTAMENTOS
Derecho de sucesiones – *Inheritance Law*

Objetivos	1. Practicar la investigación conceptual a través de la comparación del derecho de sucesiones en el sistema jurídico inglés y en el sistema de derecho español. 2. Mejorar la comprensión de textos pertenecientes a la rama del derecho de sucesiones en inglés. 3. Desarrollar la capacidad crítica y reflexionar sobre los problemas que entraña la traducción de la terminología y la fraseología de los testamentos. 4. Reflexionar sobre los métodos y estrategias que se utilizan en la traducción jurídica profesional. 5. Ser capaces de razonar la idoneidad de un método de traducción en función del tipo de encargo de traducción. 6. Adquirir práctica en la traducción de testamentos aplicando el modelo de ficha de control y el concepto de encargo de traducción. 7. Integrar las herramientas informáticas de ayuda al traductor en diferentes fases de la tarea traductológica, en especial en la fase de archivo y creación de memorias electrónicas de traducción.
Contenidos	• El derecho de sucesiones español e inglés. • El derecho de sucesiones comparado. • Problemas de traducción más habituales en la traducción de testamentos. • El léxico y la fraselogía de los testamentos. • La traducción del estilo y la fraseología de testamentos. • La elaboración de corpus de géneros legales.
Tareas	1. Documentación conceptual sobre derecho de sucesiones español 2. Documentación conceptual sobre derecho de sucesiones anglosajón 3. Elaboración de un glosario inglés-español de derecho de sucesiones 4. Investigación sobre el marco jurídico internacional del derecho de sucesiones 5. Traducción de textos relacionados con los testamentos 6. Identificación de los formalismos de los testamentos 7. Documentación textual: creación de un corpus de testamentos 8. Estudio del lenguaje típico de los testamentos: peculiaridades léxicas, sintácticas y textuales

	9. Traducción de testamentos (británicos y norteamericanos) 10. Revisión de los conceptos básicos de sucesiones
Materiales	⚫ Conceptos básicos del Derecho de sucesiones 🌐 Fragmento Código Civil español 🌐 *Legal Wills: The Basics* ⓘ Los intentos de armonización internacional del derecho de sucesiones 🌐 Los tratados internacionales sobre derecho de sucesiones. *Convention on the conflicst of laws relating to the form of testamentary dispositions* 🌐 *Estonian Law of Succession Act in the context of European Countries* 🌐 *Letters testamentary* 🌐 *Notice of Appointment as Executor* 🌐 *Your questions answered on UK Inheritance Tax* 🌐 Textos relativos al impuesto de sucesiones 🌐 *Signing Your Will: Witnessing and Notarization* ⚫ Restricciones y prioridades en la traducción de testamentos 🌐 *Plain English Will* ⓘ Ficha de control de la traducción 🌐 Testamento británico 🌐 Testamento norteamericano
Material complementario	🌐 Conflicto de leyes en materia de sucesiones

1. DOCUMENTACIÓN CONCEPTUAL SOBRE DERECHO DE SUCESIONES ESPAÑOL

Investigación terminológica (español-inglés)

Con esta actvidad comienza el proceso de elaboración de un glosario inglés-español de sucesiones, uno de los objetivos básicos de esta unidad. Si se trabaja en grupo, los estudiantes pueden compartir los glosarios para elaborar uno común que recoja el trabajo de todos ellos o repartirse las tareas desde el principio.

Comprensión de conceptos legales

1. ¿Por qué se da un tratamiento de unidad patrimonial al activo y al pasivo del difunto?

Para que no queden sin atender las deudas que pudieran formar parte del patrimonio del testador. En este sentido puede afirmarse que los bienes relictos están, en primer lugar, afectos al pago de las obligaciones relictas y sólo en segundo lugar destinados a engrosar el patrimonio de los herederos y legatarios. Forman parte de la herencia todos los derechos patrimoniales, así como las deudas que pertenecieron al causante, pero también las acciones de reparación de daños referidos al honor, libertad e integridad física del causante, el ejercicio de algunos derechos morales de la propiedad intelectual y ciertos derechos que, aun siendo personalísimos, mantienen efectos reflejos que no se extinguen con la muerte de su titular.

2. ¿Puede un heredero español negarse a aceptar una herencia?

La herencia puede ser aceptada de forma simple o a beneficio de inventario, es decir, con la condición de que la aceptará sólo en caso de que, tras saldar las deudas, el balance sea positivo.

3. ¿Cuáles son las funciones del albacea en España?

- Disponer y pagar los sufragios y el funeral del testador con arreglo a lo dispuesto por él en el testamento y, en su defecto, según la costumbre.
- Satisfacer los legados que consistan en metálico, con el conocimiento y beneplácito del heredero. No corresponde al albacea, sino al heredero, la entrega de legados no pecuniarios.
- Vigilar sobre la ejecución de todo lo demás ordenado en el testamento, y sostener, siendo justo, su validez en juicio y fuera de él.
- Tomar las precauciones necesarias para la conservación y custodia de los bienes con intervención de los herederos presentes.

4. ¿Puede cobrar honorarios por su trabajo el albacea?

Sí. En principio es un cargo gratuito, pero el testador puede fijar la remuneración que tenga por conveniente.

5. ¿Qué tipos de disposiciones testamentarias puede contener un testamento?

- Disposiciones patrimoniales: las más importantes son la institución de heredero y, en su caso, la ordenación de legados.
- Disposiciones sobre, el «modo», destinado a limitar o encauzar una institución de heredero o un legado señalando su finalidad, o alguna restricción o conducta que se impone al instituido o legatario.
- Disposiciones sobre el nombramiento de albaceas o de contador-partidor y ejecución de la última voluntad del testador.
- Disposiciones de carácter personal sobre sufragios y funerales, o sobre el propio cadáver.
- Disposiciones familiares como el reconocimiento de hijos extramatrimoniales, disposiciones relativas a la carrera u oficio de los hijos menores o a la tutela de éstos, y otras semejantes.

Consulta de instrumentos legales

Este ejercicio se completa consultando el Código Civil español en formato papel o formato electrónico. Es más recomendable utilizar una versión electrónica que permita hacer búsquedas automatizadas por palabra. La información solicitada se encuentra en el Código Civil español, Libro III, Título III. Se puede completar el trabajo de documentación investigando si existen leyes complementarias referidas a los temas citados. Una vez terminado el ejercicio, habrá que añadir al glosario los términos nuevos identificados.

1. Albaceazgo: artículos 892-897
2. Gastos funerarios y de testamentaría: no hay disposiciones al respecto.
3. Sustitución: artículos 774 a 780
4. Sustitución fideicomisaria: artículos 781-786
5. Custodia de los hijos: no hay disposiciones al respecto.

2. DOCUMENTACIÓN CONCEPTUAL SOBRE DERECHO DE SUCESIONES ANGLOSAJÓN

Investigación terminológica (inglés-español)

Después de extraer la terminología del texto propuesto, se incorporan los términos identificados al glosario iniciado en la actividad anterior. Lo único que cambia en este ejercicio es la dirección, ya que ahora trabajamos del inglés al español.

Comparación entre el derecho de sucesiones español, norteamericano y británico

El estudiante debe recoger información sobre los tres sistemas con relación a los temas del cuestionario. Puede comenzar leyendo el texto propuesto (norteamericano) e intentar hacer un esquema que responda a preguntas básicas: las personas que deben otorgar testamento, las razones más importantes para hacerlo, la forma de elegir albacea, la forma de revocar un testamento, la forma en que se aplica la ley de sucesiones en caso de *ab intestato*. Es fundamental que utilice el léxico especializado de sucesiones en español que ha utilizado en las actividades anteriores y ha recogido en el glosario.

A continuación deberá buscar información del mismo tipo, pero ahora sobre el sistema británico para responder a las preguntas propuestas. Recogemos aquí un texto divulgativo complementario sobre derecho de sucesiones irlandés.

 Texto divulgativo sobre derecho de sucesiones irlandés

Who Can Make a Will

Basically anyone can make a Will who has attained the age of 18 or is or has been married and is of sound disposing mind. The capacity of persons to make a Will is more particularly set out in Section 77 of the Succession Act, 1965.

Why Should You Make a Will

It is important that you make a Will since you place yourself in a position to provide for the distribution of your property by means of a clear Legal Document which will only take effect when you die. It allows an Individual to provide for the special needs of family members and furthermore it can also be used with proper advice as a Tax planning opportunity. If you do not make a Will you lose your chance to appoint an Executor to handle your affairs and furthermore your Estate will be divided in accordance with the Law of the land and not necessarily in the manner which you might have desired. The question of Intestacy is set out in more detail hereafter under the Heading «What if I don't Make a Will».

Who Should be my Executor?

This is an extremely important decision since the Office of Executor is gratuitous and the duties imposed on an Executor can be varied and sometimes onerous. Appointing a second Executor is desirable since it covers a situation where one of the Executors dies. It is important that the Executor knows as much as possible about the Deceased's affairs since without adequate knowledge assets can go untraced with the result that the Estate is depleted with ultimate loss to the Beneficiaries. A person will often make a close family Member an Executor since such a person is likely to have a very detailed and intimate knowledge of the Deceased's affairs. Many people also appoint their Solicitor as a second Executor since the Solicitor will also often have information on the Deceased's affairs and will be able to render good advice to the other Executor and assist in the processing of the Grant of Probate. A Beneficiary can be and often is appointed as an Executor. A Beneficiary, however, should never be a Witness to a Will since being a Witness can invalidate the Gift. Persons to be chosen as Executors, therefore, should be trustworthy and capable and you should have confidence in their ability to carry out your wishes as expressed in your Will. They should also have a thorough knowledge of your affairs. Where a Will gives a Gift to a person under the age of 18 years then Trustees should be appointed to hold the Gift for the person in question until he/she attains full age or such age as is designated in the Will. Executors and Trustees can be the same persons. In other words you can appoint the same two persons to act both as Executors and Trustees. When dealing with persons under the age of 18 years one must also consider the question of Testamentary Guardians. This situation can arise in the normal family arrangement where a Parent wishes to provide for young children but wants to deal adequately with the situation should he/she die before the child or children reach full age. The appointment of a Testamentary Guardian can be the most important decision of all since asking someone to take care of your children on your death can be the most onerous request of all. You have to ask yourself the question who would look after my young children if I died. Naturally very few people have a large choice in this matter and normally they would like to see their children reared together by a close relative. This would at least ensure that there was some chance that the children would be reared, preferably together and in a manner which would meet your approval. Executors and Trustees can also be Testamentary Guardians. You can, therefore, appoint two people to do the entire job.

Should I make my Own Will?

The short answer to this question is no. Your Will may be the most important Document you ever have to sign. It is essential that you be properly advised and that you execute this Legal Document in the proper format. The Laws governing the format of Wills are very strict and even a minor divergence from the Legal requirements can result in your Will being held to be invalid. You will then have lost your one and only chance to leave your property in the manner you desire. The Law will then take its course and an Administrator will be appointed and all you possess will be distributed in accordance with the Laws of Intestacy. In such circumstances the last person on earth you would like to benefit could end up getting a substantial proportion of your assets. This would not be a very happy scenario if it meant that the person you really loved got nothing.

Revocation of a Will

Section 85 of the Succession Act, 1965 deals with the revoking of a Will. Where a single person has made a Will, the subsequent marriage of the person shall revoke the Will, unless the Will was made in contemplation of that Marriage. In other circumstances, a Will can be revoked either by (1) another Will, (2) a codicil, (3) some writing declaring an intention to revoke the Will, and executed in the manner in which a Will is required to be executed, (4) by the burning, tearing or destruction of the Will with the intention of revoking it.

Is Making a Will Expensive?

The answer to this question is also no. Normally the cost of making a Will varies in accordance with the length of the Will and the time taken. Most Legal Firms, however, will prepare your Will for you for between £75.00 and £100 plus VAT at 20%.

What If I Don't Make a Will?

If I don't make a Will then the Estate will normally be administered by my closest Relative and my property will be distributed in accordance with the Law of the land. The Rules governing Intestate Succession for deaths occurring on or after the 1st January, 1967 are set out hereafter with the order of entitlement placed in brackets.

Intestate Succession - Order of Entitlement for deaths on or after the 1st January 1967

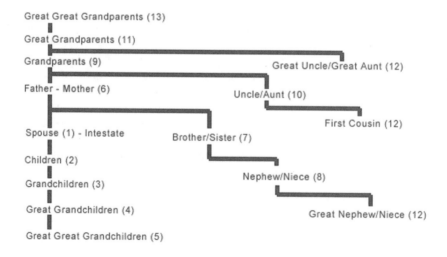

Right of Spouse Under Succession Act

The Act governs two situations in relation to the share to which a Spouse is entitled on the demise of his or her Partner. In circumstances where a Will has been created by the demised Partner, the Act provides that at all times the surviving Spouse will be entitled to a share as a Legal right. In circumstances where there is a Spouse and no issue, the Spouse is entitled to one-half of the Estate, irrespective of the provisions of the Will. In circumstances where there is a surviving Spouse and children, the Spouse is entitled to take a one-third of the Estate, irrespective of the terms of the Will. In circumstances where there is a Spouse and grandchildren or other remoter issue, but no immediate children, the Spouse is entitled to take one half of the Estate, irrespective of the Provisions of the Will. In circumstances where there is no Will, i.e. where an intestacy is created, where there is a surviving Spouse but no children, the Spouse is entitled to the whole Estate. In circumstances where there is a Spouse with children, the Spouse is entitled to take two-thirds of the Estate and in circumstances where there is a Spouse and grandchildren, or other remoter issue, the Spouse is entitled to two-thirds of the Estate.

Fuente: http://www.solicitor.net/wills_and_probate.asp

4. INVESTIGACIÓN SOBRE EL MARCO JURÍDICO INTERNACIONAL DEL DERECHO DE SUCESIONES

Definición de Derecho de Sucesiones e *Inheritance Law*

 Inheritance Law

Definition: Inheritance also called Succession, the devolution of property on an heir or heirs upon the death of the owner. The term inheritance also designates the property itself. In modern society the process is regulated in minute detail by law. In the civil law of the continental European pattern, the pertinent branch is generally called the law of succession. In Anglo-American common law it was customary to distinguish between descent of real estate and distribution of personal estate. The rules applicable to the two kinds of property have been fused, but no common, overall name is yet universally accepted. In England books dealing with the subject are varyingly entitled On Wills, On Probate, On Succession, or On Executors and Administrators. In the United States the term probate law is frequently, although inaccurately, applied to the field as a whole. Following the title of an important statute of the state of New York, another term, law of decedents' estates, has been gaining ground, as has the law of succession.

Otras formas de referirse al derecho sucesorio en inglés

1. Inheritance Law
2. Succession
3. Probate Law
4. Law of Administration
5. Law of decedents' estates
6. Administration of Estates law

Legislación aplicable en derecho sucesorio

 País: España
Ley aplicable: Código Civil: Libro III, De las sucesiones
URL: http://civil.udg.es/normacivil/

País: Argentina
Ley aplicable: Código Civil De La República Argentina; Libro IV, Sección Primera, Título I.
URL: http://www.redetel.gov.ar/Normativa/Archivos%20de%20Normas/CodigoCivil.htm

---

País: México
Ley aplicable: Codigo Civil Federal, Libro Tercero
URL: http://info4.juridicas.unam.mx/ijure/tcfed/1.htm?s=

País: Reino Unido
Ley aplicable: La legislación está recogida en diversas *Acts of Parliament* (recogemos un listado de las mismas más abajo). En todos los países de derecho angloamericano hay que tener en cuenta también el importante papel que juega la jurisprudencia como fuente de Derecho.
Administration of Estates Act 1925; Administration of Justice Act 1982; Adoption Act 1976; Family Law Reform Act 1969; Family Law Reform Act 1987; Family Provision Act 1966; Inheritance (Provision for Family and Dependants) Act 1975; Inheritance Tax Act 1984; Intestates' Estates Act 1952; Law of Property Act 1925; Law Reform Succession Act 1995; Legitimacy Act 1976; Married Women's Property Act 1882; Non-Contentious Probate Rules 1987; Supreme Court Act 1981; Supreme Court of Judicature (Consolidation) Act 1925; Taxation of Chargeable Gains Act 1992; Trustee Act 1925; Trustee Act 2000; Wills Act 1837; Wills (Deposit for Safe Custody) Regulations 1978.
URL: http://www.statutelaw.gov.uk/Home.aspx

País: EE.UU.
Ley aplicable: Como consecuencia del régimen federal norteamericano, existen en los EE.UU. leyes federales y leyes estatales. Como el derecho legislado ha sido muy abundante en los últimos años, los norteamericanos han tenido la necesidad de sistematizarlo y así han aparecido compilaciones oficiales y privadas de legislación, tanto federal como local. A estas compilaciones se las conoce como *Revised Laws, Consolidated Laws* o *Codes*.
URL: Proponemos como ejemplo las leyes del estado de Deleare. Estado de Delaware: Delaware Code. Title 12 Decedents' Estates and Fiduciary Relations. http://delcode.delaware.gov/title12/index.shtml#TopOfPage

---

País: Canadá
Ley aplicable: En Canadá existen once cuerpos legislativos autónomos. Uno es el Parlamento de Candá y los otros, las diez legislaturas provinciales. A estas últimas les corresponde, en principio, legislar lo relativo al derecho privado. Así encontramos la Wills Act 1996 British Columbia o The *Wills Act* de Manitoba.
URL: Proponemos como ejemplo un instrumentos legislativo de British Columbia y otro de Manitoba. http://www.qp.gov.bc.ca/statreg/stat/W/96489_01.htm (British Columbia). http://web2.gov.mb.ca/laws/statutes/ccsm/w150e.php (Manitoba)

País: Hong Kong
Ley aplicable: Chapter 30: Wills Ordinance
URL: http://www.legislation.gov.hk/eng/home.htm (interesante base de datos de legislación bilingüe chino-inglés).

País: India
Ley aplicable: Indian Succession Act 1925
URL: http://www.commonlii.org/cgi-commonlii/disp.pl/in/legis/num%5fact/isa1925183/
isa1925183.html?query=wills

País: Australia
Ley aplicable: En 1900 Gran Bretaña promulgó una constitución para las colonias australianas organizándolas como un estado federal con seis miembros o entidades federativas, cada una con su propio gobierno y parlamento propios. En Australia existen tantos sistemas jurídicos como estados federales, seis, a los que hay que añadir que en los territorios administrados por el gobierno central se aplica el derecho federal.
URL: http://www.legislation.act.gov.au/a/1968-11/current/pdf/1968-11.pdf (Australian Capital Territory)
http://www.austlii.edu.au/au/legis/nsw/consol_act/wpaaa1898329/ (New South Wales)

Legislación aplicable en derecho sucesorio en los países de la Unión Europea

Conflicto de leyes en materia de sucesiones

En la actividad anterior el estudiante debía investigar la ley nacional sobre sucesiones en los países propuestos. Si el nivel del grupo lo permite, ahora sería un buen momento para introducir el tema del «conflicto de leyes» en materia de sucesiones. Se entiende por conflicto de leyes las discrepancias entre las leyes que se hallan simultáneamente en vigor en dos lugares distintos. Cuando surge un conflicto entre diferentes legislaciones, es necesario determinar qué norma jurídica es de aplicación para regir una relación concreta o para resolver un conflicto. Las dificultades de una sucesión transnacional se derivan a menudo de la disparidad de las normas sustanciales, procesales y de conflicto de leyes que regulan la materia en los distintos países implicados.

En el ámbito del derecho comunitario, la Comisión Europea ha elaborado un Libro Verde con el fin de responder a los problemas concretos de los ciudadanos europeos en materia de sucesiones y testamentos. La movilidad de las personas en la Unión Europea y el aumento del número de matrimonios entre nacionales de Estados miembros diferentes hacen que estos problemas sean cada vez más frecuentes. El Libro Verde se puede consultar en versión española e inglesa (y en las demás lenguas de la UE) en http://europa.eu/-scadplus/leg/es/lvb/l16017.htm.

En el caso de derecho de sucesiones internacional, recomendaríamos la lectura del artículo siguiente: «Rattachement de la loi applicable en matière successorale – un aperçu sur différents pays (Conexión de la ley aplicable en materia sucesoria – Sinopsis de la normativa de diferentes países)», escrito por el notario alemán Dr. Rembert Süß (Deutsches Notarinstitut, Würzburg) y publicado en la revista Notarius International 3-4/2001.

Se puede consultar en Internet en:
http://212.63.69.85/DataBase/2001/notarius_2001_03_248_es.pdf.

Actividades sobre el Convenio de La Haya sobre Derecho Civil

1. El texto íntegro en inglés y francés de todas las conferencias internacionales (también se conocen con el nombre de «convenios internacionales») sobre derecho privado internacional se puede consultar en la página web de «The Hague Convention on Private Internacional Law»: http://www.hcch.net.

2. ---

3. Esta conferencia (o convenio) regula la protección internacional de los niños, así como las relaciones familiares y patrimoniales internacionales. Incluye, por tanto, disposiciones sobre conflictos de leyes en materia de sucesiones. La conferencia de La Haya también ha elaborado instrumentos internacionales sobre cooperación judicial y administrativa internacional, y sobre relaciones comerciales internacionales.

4. Según este convenio, las disposiciones testamentarias de los ciudadanos de los países suscriptores del mismo serán válidas, en lo que se refiere a su forma, si cumplen los requisitos de la legislación de: a) el país donde se otorgó el testamento; b) el país de nacionalidad del testador; c) el país donde tenía su domicilio el testador en el momento de otorgar testamento o en el momento de su muerte; d) el país donde tenía su residencia habitual el testador en el

momento de otorgar testamento o en el momento de su muerte; e) el país en el que se hallen situados los bienes inmuebles de los que se dispone por testamento.

5. Sí, así se dispone en el artículo 4.

5. TRADUCCIÓN DE TEXTOS RELACIONADOS CON LOS TESTAMENTOS

Estudio de un documento típico del derecho de sucesiones anglosajón: *Letters testamentary*

La definición que encontramos en varios diccionarios del término *Letters testamentary* es: «Documents issued by the court of proper jurisdiction indicating what person, bank, or organization has been appointed as executor or administrator of an estate». En España, no es necesario un nombramiento judicial de albaceas o administradores de la herencia, excepto en los casos de litigio. El documento Notice of Appointment as Executor que aparece en el siguiente ejercicio es muy similar.

Recogemos a continuación los contenidos de la página web de un despacho de abogados de Houston (http://www.williamsbailey.com/) que ofrece información sobre el proceso de validación judicial de los testamentos en EE.UU. en versión inglesa y española. Además de proporcionarnos información conceptual sobre los procesos sucesorios en EE.UU., la lectura de estos textos en versión bilingüe nos pone en contacto con el tipo de textos traducidos que se utilizan en este ámbito profesional. También nos muestra el tipo de soluciones de traducción que se emplean en la vida real.

El estudiante podrá observar que en nuestra propuesta de traducción del documento (que incluimos más abajo) no utilizamos las mismas soluciones que aparecen en el texto del despacho de abogados. Así, por ejemplo, nosotros traducimos *Executor* por «Albacea», mientras que en el texto bilingüe lo encontramos traducido como «Ejecutor»; nosotros proponemos traducir el término *Letters testamentary* por «Nombramiento judicial de albaceas y administradores», mientras que en el texto bilingüe aparece traducido como «Acta testamentario». Como ya hemos señalado en varias ocasiones, existen muchas soluciones de traducción y encontrar la más adecuada es algo que se adquiere con la práctica y la experiencia.

Existen una especie de «normas de traducción» en el ámbito de la práctica jurídica profesional que no se refieren a reglas estrictas o prescripciones fijas, sino más bien a la costumbre, a la forma en que normalmente los traductores jurídicos aplican unas soluciones de traducción u otras. Por tanto, al no ser soluciones únicas, es frecuente encontrar soluciones distintas, incluso opuestas, para un mismo problema de traducción. En el texto bilingüe sobre «Procesos sucesorios y la administración del patrimonio de herencia» nosotros encontramos numerosas inadecuaciones y errores. Un buen ejercicio podría consistir en comentar en clase esta traducción.

Otro ejemplo de vínculo interesante para el tema que nos ocupa es el que ofrece el Probate Court del Condado de Santa Clara, California. Ofrece información bilingüe sobre todo el proceso de testamentaría en http://www.scselfservice.org/probate/default.htm y http://www.scselfservice.org/spanish/probate/default.htm.

Procesos sucesorios y la administración del patrimonio de herencia

¿Qué son los procesos sucesorios o testamentarios?

Es el procedimiento mediante cual se determina la validez de un testamento y, si es válido, se la da efecto. Por lo general, un testamento tiene que haberse validado dentro de cuatro años de haber fallecido el testador.

¿Qué medidas deben tomarse para ejecutar un testamento?

Antes de hacer ejecutar las disposiciones de un testamento, primero tiene que haberse validado y emitido el Acta testamentario autorizando el albacea. Sólo entonces se realizan los siguientes pasos:

1. Se envían avisos requeridos a todos los acreedores;
2. Se inscribe el inventario requerido, la avaluación y la lista de toda entidad o persona con derecho a pago ante el juzgado sucesorio para que éste los apruebe;
3. Se reúnen los activos del difunto;
4. Se cancela todo impuesto, gasto y deuda del patrimonio y
5. Se trasmiten (reparten) los activos a los herederos.

¿Qué es un ejecutor testamentario independiente?

El ejecutor testamentario independiente hace valer las disposiciones de un testamento sin estar sujeto a la supervisión de un juzgado. Después de designarse el ejecutor o albacea, el juez de sucesión tiene que verificar que éste reúne los requisitos para desempeñar su cargo, de ahí en adelante la única obligación que éste tiene antes los juzgados es cumplir con el requisito de proveer los avisos necesarios a los acreedores en forma apropiada y hacer inscribir ante el mismo juzgado el inventario debidamente juramentado, toda avaluación requerida y la lista de todos con derecho a pago.

¿Qué distingue un ejecutor independiente de uno judicial?

Un ejecutor judicial existe cuando un juzgado sucesorio escoge, nombra y supervisa el ejecutor testamentario o albacea. En toda ejecución judicial, el albacea tiene que depositar una fianza, presentar informes anuales e inscribir una contabilidad final ante el juzgado. Además el juez tiene que aprobar casi toda acción tomada por el albacea o ejecutor en representación del patrimonio de herencia. A contraste, un ejecutor independiente actúa con muy poca supervisión jurídica.

¿Qué debo hacer para que mi albacea o ejecutor sea independiente?

La independencia de su ejecutor se establece por medio de su testamento donde tiene que incluir el texto necesario para dar a conocer su deseo como testador que su albacea no esté sujeto a la supervisión de un juzgado. Si el fallecido no dejó un testamento, el juzgado sucesorio puede nombrar un ejecutor independiente pero sólo si todos los herederos y acreedores del patrimonio están de acuerdo.

¿Qué es un Acta testamentario y Certificado de designación del ejecutor de una sucesión?

La oficina de la Secretaría de condado emite el Acta testamentario corroborando que el albacea o ejecutor cuenta con las facultades necesarias para actuar a nombre del patrimonio. El certificado de designación del ejecutor de una sucesión tiene la misma función que el Acta testamentario, pero se emite cuando el ejecutor fue nombrado por el juzgado sucesorio dado que el finado no dejó un testamento.

Fuente : http://www.williamsbailey.com/spanish/faqs/estate-probate.shtml

Probate and estate administration

What is probate?
Probate is the court procedure by which a Will is proved to be either valid or invalid. If the court approves the Will as valid, it is then admitted to probate. Generally, a Will must be admitted to probate within four years from the date of the testator's death.

What is involved in the administration of an estate?
Administration is the process of carrying out the terms of the Will once the Will has been admitted to probate and Letters Testamentary have been issued. Administration includes:

1. Sending the required notice(s) to creditors;
2. Filing the necessary Inventory, Appraisement and List of Claims with the probate court and obtaining the Court's approval;
3. Collecting the assets of the deceased;
4. Paying the taxes, expenses and debts of the estate; and
5. Distributing the assets to the beneficiaries.

What is an independent administration?
An independent administration provides for the administration of an estate without court supervision. After the executor is appointed and qualifies, the court only requires that the executor provide proper notice to creditors and timely file a sworn inventory, appraisement and list of claims.

What is the difference between an independent and dependent administration?
A dependent administration occurs when the probate court selects, appoints and supervises the administrator. In a dependent administration, the court-appointed administrator must file a bond and timely file annual and final accountings. The administrator must also obtain court approval for almost every activity performed on behalf of the estate. By contrast, an independent administration proceeds with minimal court supervision.

How do I obtain an independent administration?
An independent administration can be created in the Will. The Will must contain language indicating the testator's intent to establish an independent administration that is not subject to court supervision. If there is no Will, then the probate court can create an independent administration provided that there is agreement from all persons entitled to distribution from the estate.

What are Letters Testamentary and Letters of Administration?
Letters Testamentary are issued by the court clerk's office as evidence of the executor's authority to act on behalf of the estate. Letters of Administration are issued for the same purpose to an administrator who was appointed by the probate court in the situation where there was no Will.

Fuente: http://www.williamsbailey.com/faqs/estate-probate.shtml

Propuesta de traducción de Letters Testamentary

EN EL JUZGADO DE DISTRITO NÚMERO DOS (SECOND JUDICIAL DISTRICT COURT) DEL ESTADO DE NEVADA, CONDADO DE WASHOE

PROCESO DE TESTAMENTARÍA
Causante. JULIAN WANG
Caso Nº.
Dpt. Nº.

NOMBRAMIENTO JUDICIAL DE ALBACEAS Y ADMINISTRADORES

ESTADO DE NEVADA   )
) ss.
CONDADO DE WASHOE)

Este tribunal está tramitando la validación del testamento de JULIAN WANG, fallecido, y por el presente nombra a ROXANNE WANG albacea de dicho testamento y le reconoce plena capacidad para actuar como tal, a 7 de julio de 2006.

Y para que así conste, firmo y sello el presente documento a 17 de julio de 2006.

Por orden del tribunal
RONALD A. LONGTIN, JR.
SECRETARIO
Por _____
SECRETARIO ADJUNTO
JUD 66 (rev 12/01

Propuesta de traducción del texto Henry Brown

Henry Brown tiene tres hijos, todos menores de dieciocho años. Dejará en herencia casi todas sus posesiones a su mujer, Margaret; pero, si ella falleciera antes o al mismo tiempo que él, quiere que sus hijos sean los herederos. Henry nombra a su esposa albacea testamentaria, ya que es probable que sea ella quien más beneficio obtenga del testamento. Además, nombra albacea testamentario a su amigo Gordon Saunders, a quien designa tutor de los hijos de Henry y Margaret si ambos fallecieran. Por último, nombra albacea subsidiario a otro amigo.

Además de dos pequeños legados, los albaceas testamentarios recibirán algunos otros bienes como remuneración por su labor y el remanente de la herencia pasará a la esposa de Henry. Sin embargo, si ella falleciera antes que él o si no le sobreviviera treinta días, los hijos de ambos serán quienes reciban el remanente. Si éstos fueran menores de edad, los albaceas testamentarios actuarán como fiduciarios.

Propuesta de traducción del texto Sam Richter

Sam fallece y deja todo su patrimonio, valorado en £200.000, a su esposa, Harriet. Como esta cantidad no llega al mínimo sujeto a tributación, no será necesario pagar ninguna cantidad en concepto de impuesto de sucesiones. Cuando Harriet fallece, Phyllis, su único hijo, hereda su patrimonio neto, valorado en £300.000. El impuesto de sucesiones que se debe pagar se calcula de la siguiente manera: el total es de £300.000, a lo que habrá que restar la parte libre de tributación, £234.000. Como resultado, la cantidad sujeta a tributación, será de £66.000, a la que se aplica un tipo del 40%. La cantidad total que deberá pagar Phyllis en concepto de impuesto de sucesiones será de £26.400.

Sin embargo, imaginemos que Sam hubiera legado a Phyllis £100.000 (de las que no se debería efectuar el pago del impuesto de sucesiones al estar exentas de tributación), y las restantes £100.000 a Harriet. Al fallecer Harriet, su patrimonio hubiera sido valorado en £200.000. Cuando Phyllis lo heredara no tendría que hacer frente a impuesto de sucesiones alguno, ya que esta cantidad está exenta de tributación. He aquí un claro ejemplo de cómo organizar la herencia para conseguir un ahorro tributario de £26.400.

7. DOCUMENTACIÓN TEXTUAL: CREACIÓN DE UN CORPUS DE TESTAMENTOS

Comparación de macroestructuras

Del análisis y observación de los testamentos que haya conseguido el alumno en las actividades de recopilación de corpus, se puede extraer una tabla de macroestructura comparada como la que proponemos a continuación. Las partes identificadas no aparecen en el mismo orden en los testamentos españoles y angloamericanos. En la tabla no hemos reproducido el orden habitual y hemos preferido que se pueda observar la correspondencia entre los dos idiomas. Esta tabla fue elaborada por un estudiante universitario utilizando distintos testamentos españoles e ingleses para ilustrar las partes identificadas.

Macroestructura del testamento anglosajón	Macroestructura del testamento español
Identificación personal del testador (en 1ª persona) y declaración del testamento. *THIS WILL dated the day of 2003 is made by me [insert your full name] of [insert your full address including postcode]*	**Identificación personal y profesional que de sí mismo hace el notario** que formaliza el acto e identificación personal del testador por parte del primero (en 3ª persona) *Ante mí, *, Notario del Ilustre Colegio de *, COMPARECE:* *DON *, nacido en * el día ***, ***ESTADO CIVIL** y vecino de *, con domicilio en * y DNI número *.* **Manifestación de voluntad** *Manifiesta su voluntad de otorgar testamento abierto.*

	Manifestación de capacidad legal *...teniendo, a mi juicio, la capacidad legal necesaria para este acto.*
	Declaraciones: de matrimonio, de hijos, de parentesco, de residencia *DECLARA:* *I.- Que es hijo de los consortes *, y que está casado en únicas nupcias con doña * de cuyo matrimonio tiene* (*no tiene descendencia, no teniendo tampoco hijos no matrimoniales ni adoptivos*).*
Revocación de testamentos y codicilos anteriores *I REVOKE all former Wills and testamentary dispositions made by me.*	**Revocación de testamentos o codicilos anteriores** *REVOCA por el presente acto todo otro testamento o acto de última voluntad que haya otorgado anteriormente.*
Nombramiento de albacea *I APPOINT _____ to be the executor / executrix and trustee of this my Will*	**Nombramiento de albacea** *Designo como Albacea fiduciario a don* *...........................*
Nombramiento de tutor *I APPOINT _____ to be guardian of my minor children*	**Nombramiento de tutor** *Usando de la facultad que me confiere la ley, nombro por tutor y curador de mis hijos a don Justo Equitativo; esperando de la buena conducta, fe y amistad del que admitiese este encargo que cuidará con el mayor celo de la conservación y aumento de sus bienes, de su mejor crianza y educación sobre que le encargo la más empeñada atención y esmero.*
Cláusula de premoriencia *IN THE EVENT that my wife/husband [insert her Christian name] does not survive me by 30 days I appoint [name alternative executor(s)] of [give their full address including postcode] to be the executors and trustees of this Will*	**Cláusula de premoriencia** *Que mis únicos y universales herederos son [Herederos]. En la eventualidad de que uno de ellos me premuera, sus legítimos herederos le sucederán por representación en todos sus derechos bajo este testamento. En la eventualidad de que el heredero premuerto no tuviese a su vez sucesores en derecho, la porción de su herencia acrecerá a los demás herederos.*
Disposición del patrimonio: nombramiento de beneficiarios y herederos *I GIVE DEVISE AND BEQUEATH all of my estate property and effects to _____*	**Disposición del patrimonio** **Declaración de bienes** *Declaro, como bienes de mi propiedad, todos los que aparezcan como tales a la fecha de mi*

	fallecimiento; y, especialmente, los siguientes: **Institución de herederos y cláusula de legítima forzosa** *Es mi voluntad que la mitad legitimaria de mi herencia, se reparta entre mis hijos legítimos y naturales, en la forma y proporción determinada por la ley, sin perjuicio de los derechos de mi cónyuge sobreviviente.* **Cláusula de 1/3 de mejora** *Instituyo herederos en la cuarta parte de mejoras, a mis hijos ....; y/o a mis nietos ....; y/o a mi cónyuge, por cabezas, por partes iguales, con derecho de acrecer entre ellos.* **Cláusula del 1/3 de libre disposición** *Instituyo herederos, de una cuota del ......% de mi herencia, con cargo a la cuarta parte de libre disposición, conjuntamente, a*
Cláusula de trust: disposiciones especiales con relación a los *trustees* *MY TRUSTEES shall have these powers in addition to their powers under the general law:*	
Legados *I bequeath __ to __ / Bequests*	**Legados** *Con cargo a la cuarta parte de libre disposición, instituyo los siguientes legados:*
Fórmula final y fecha *IN WITNESS WHEREOF I the said [insert your full name] the Testator have to this my last Will and testament set my hand this_____day of two thousand and three*	**Fórmula final: firma y cierre del documento** *De la unidad del acto, del conocimiento y capacidad de testador y testigos, del cumplimiento de los requisitos legales y de todo lo consignado en este instrumento extendido en tres hojas de clase 8, serie, número __, YO, EL NOTARIO, DOY FE, siendo las __*
Firma del testador y testigos *SIGNED AND ACKNOWLEDGED by the said) [insert your full name] the Testator as and for his last Will and testament in the presence of us both being present at the same time who in his presence and at his request and in the presence of each other have hereunto subscribed our names as witnesses*	**Atestación** *El notario certifica que el testador se encuentra en su sano y entero juicio y que el testamento anterior fue leído en alta voz por el escribano suscrito, a la vista del testador y de los testigos, en un solo acto, ininterrumpido, siendo testigos don ...., cédula nacional de identidad nº .... domiciliado en .... nº........, depto..........., y don ...., cédula nacional de identidad nº..............., domiciliado en .... nº........, depto. ....*

8. ESTUDIO DEL LENGUAJE TÍPICO DE LOS TESTAMENTOS: PECULIARIDADES LÉXICAS, SINTÁCTICAS Y TEXTUALES

Estudio de los verbos más frecuentes

A partir del corpus de testamentos inglés-español realiza un vaciado y extrae todos los verbos que encuentres para indicar las acciones que incluye la tabla. Recógelos en el contexto de una frase.

ACCIONES	Verbos empleados en testamentos	
	Inglés	Español
Hacer declaraciones, dar instrucciones	Dispose Direct	Declaro Manifiesto Es mi deseo que...
Disponer del patrimonio	Give, devise and bequeath Give upon trust	Instituyo heredero Nombro heredero Lego
Nombrar a personas para que actúen como albaceas, administradores, etc.	Appoint	Nombro
Revocar testamentos anteriores	Revoke	Revocar

9. TRADUCCIÓN DE TESTAMENTOS (BRITÁNICOS Y NORTEAMERICANOS)

Propuesta de traducción de *Plain English Will*

Paul John Brown está casado con Angela Brown y tienen tres hijos. Paul desea nombrar tutores para que se ocupen de sus hijos en caso de que él y su mujer mueran antes de que los hijos hayan alcanzado la mayoría de edad. También desea nombrar a dos personas para que actúen como albaceas de su testamento y a dos personas para que actúen como administradores de sus bienes en regimen de fideicomiso. Además, Paul desea establecer tres legados específicos:
- Su reloj Rolex de oro para su hermano Gerald.
- Su coche para su hermana Susan.
- £1.000 para la Fundación «The Rainbow Family Trust».

Me llamo Paul John Brown y vivo en 23 Chester Road, Wilmslow, Cheshire. Éste es mi testamento y revoco todos mis testamentos y codicilos anteriores.

En este testamento los términos y expresiones siguientes tendrán el significado que se expresa a continuación:

Beneficiario

La persona que se beneficiará de mi testamento.

Codicilo

Modificación de mi testamento una vez ya redactado. El codicilo debe estar firmado por mí ante dos testigos que no sean beneficiarios de este testamento.

Fideicomiso discrecional

Fideicomiso según el cual los fiduciarios pueden decidir quiénes se beneficiarán del mismo y qué cantidades recibirán.

Patrimonio
(Caudal hereditario)

Todo lo que poseo en el momento de mi muerte.

Albacea

La persona que he nombrado en este testamento para que se ocupe de mi patrimonio de acuerdo con los deseos expresados en el mismo.

Tutor

Los tutores se ocupan de los asuntos de los niños o de los adultos que no son capaces de cuidar de sí mismos.

Impuesto sobre sucesiones

Impuesto que cobra el gobierno sobre la herencia.

Propiedades

Todo lo que poseo.

Remanente

Lo que quede de mi herencia una vez se hayan pagado mis deudas, impuestos y legados específicos. Se repartirá siguiendo las instrucciones que doy en este testamento.

Revocar

Anular.

Legados específicos

Bienes concretos de la herencia que se legan a personas o instituciones de terminadas.

Fideicomiso

Sistema mediante el cual una persona administra unos bienes en beneficio de otra.

Fiduciario

Persona que administra unos bienes en beneficio de otra.

Testamento

Documento legal que he escrito para legar mi dinero y mis bienes cuando muera.

1. Nombro albaceas de mi testamento a:
    - Paul Fox de 2 Cherry Tree Lane, Manchester; y
    - Susan Grundy de 5 Derby Road, Buxton, High Peak SK17.

2. Nombro fiduciarios de la parte de mi herencia que dejo en régimen de fideicomiso (trust) a:
   - Gerald Lawler de 29 Sandy Lane, Stockport; and
   - Patricia Brown de 8 Sunny Bank Drive, Hazel Grove.

3. Si mi mujer muere antes que yo, nombro tutores de mis hijos a:
   - John Smith y Wendy Smith de 34 Copeland Avenue, Manchester.

4. Deseo que mi cuerpo sea incinerado.

5. Autorizo a mis albaceas a que paguen mis deudas, impuestos y gastos de testamentaría con los fondos de mi herencia.

6. Deseo hacer los siguientes legados libres de impuestos de sucesiones.
   - A mi hermano Gerald, mi reloj de oro Rolex.
   - A mi hermana Susan, mi coche.
   - A la Fundación «Charity Rainbow Trust», £1.000.

7. Lego a mis albaceas £50.000 en régimen de fideicomiso para que lo administren a su discreción en favor de mis hijos (discretionary trust).

8. Lego el remanente de mi herencia a mi esposa, Angela Brown, si me sobrevive al menos 28 días y en caso de que no me sobreviviera ese periodo, deseo que el remanente pase a formar parte del fideicomiso descrito en el punto anterior.

Firmado por Paul John Brown y los dos testigos en un solo acto ininterrumpido a 5 de abril de 2007.

Firma:_____

Testigo 1
Firma:_____
Dirección:_____
Profesión:_____

Testigo 2
Firma:_____
Dirección:_____
Profesión:_____

 Análisis comparado de la figura jurídica del *Trust* en los sistemas de derecho civil y en los sistemas de *Common Law*

Antes de comenzar a traducir testamentos, recomendamos la lectura del capítulo «¿Es posible traducir realidades jurídicas? Restricciones y prioridades en la traducción de documentos de sucesiones británicos al español» (Borja, 2006) que aparece en la bibliografía de este capítulo y del que hemos extraído el siguiente esquema.

Propuesta de traducción de Testamento británico

Última voluntad y testamento que yo, John Smith, con domicilio en Normaton, condado de York, otorgo. Instituyo heredera universal de todos mis bienes muebles e inmuebles (incluyendo todos aquellos sobre los que ostento capacidad de disponer por testamento) a mi esposa, Mary.

En caso de premoriencia o conmoriencia, instituyo herederos de la totalidad de mis bienes muebles e inmuebles en régimen de fideicomiso (*Trust*) a las personas que a continuación designaré, para que actúen como fiduciarios con facultad para vender, rescatar y convertir dichos bienes en dinero efectivo y para mantener en su poder el producto neto obtenido con dicha venta, rescate y conversión, así como mi dinero en efectivo (una vez atendidos mis gastos de entierro y testamentarios) a favor de aquella de mis hijas, Jane y Lucy, que me sobreviva y siendo ambas, a partes iguales entre ellas.

En el supuesto de que alguna de mis hijas me premuriera, dejando uno o más hijos que vivan en la fecha de mi muerte (independientemente de que hayan cumplido o no la edad de dieciocho años) estos hijos heredarán a partes iguales aquellos bienes que hubieran correspondido a su padre o madre fallecidos, en caso de haberme sobrevivido.

Autorizo al fiduciario o fiduciarios a posponer la venta y conversión de la totalidad de mis bienes, o de parte de los mismos (aun cuando no se trate de una inversión de las autorizadas para los fondos del *Trust*), sin que tengan que responder de las pérdidas que esto pudiera ocasionar, durante el periodo que consideren oportuno.

Faculto asimismo al fiduciario o fiduciarios para que puedan invertir, según su mejor criterio, los fondos del *Trust* o parte de los mismos, actuando como si fueran beneficiarios únicos de dichos fondos y quedando capacitados para, en su caso, modificar o reubicar tales inversiones. A efectos de este testamento, se considerará inversión la compra de uno o más inmuebles por parte del fiduciario o fiduciarios a fin de que sean ocupadas por uno o más beneficiarios del mismo.

Por el presente acto revoco todos mis testamentos anteriores y designo a mi esposa como única albacea testamentaria. En caso de que me premuera, designo a mi cuñado Peter Lone, con domicilio en Londres, y a mi hermano William Smith, con domicilio en Coventry, para que actúen como *Trustees* (fiduciarios) y albaceas de este testamento. Y para que así conste, firmo este documento a 10 de septiembre de 2006.

Firmado por John Smith, como su última voluntad y testamento, en presencia de los infrascritos, quienes, a petición del mismo y hallándonos presentes en el mismo acto, firmamos el presente documento en calidad de testigos.